아름다운 귀향, 그 뒷이야기

아름다운 귀향, 그 뒷이야기

초판 1쇄 발행 2018년 3월 10일
2쇄 발행 2018년 3월 19일

지 은 이   유두석
발 행 인   권선복
편   집   권보송
디 자 인   김소영
기록정리   권미연
전 자 책   천훈민
마 케 팅   권보송
발 행 처   도서출판 행복에너지
출판등록   제315-2011-000035호
주   소   (157-010) 서울특별시 강서구 화곡로 232
전   화   0505-666-5555
팩   스   0303-0799-1560
홈페이지   www.happybook.or.kr
이 메 일   ksbdata@daum.net

값 15,000원
ISBN 979-11-5602-590-0   (03350)

도서출판 행복에너지는 독자 여러분의 아이디어와 원고 투고를 기다립니다. 책으로 만들기를 원하는 콘텐츠가 있으신 분은 이메일이나 홈페이지를 통해 간단한 기획서와 기획의도, 연락처 등을 보내주십시오. 행복에너지의 문은 언제나 활짝 열려 있습니다.

옐로우시티 디자이너 유두석

아름다운 귀향, 그 뒷이야기

유두석 지음

도서
출판 행복에너지

용꿈,
영화처럼 현실이 되다

2014년 6월. 지방선거는 끝났지만 군민 간의 갈등은 계속됐다. 일부 군민이 군수에 당선된 나를 끌어내리기 위해 고발했기 때문이다. 그러던 중 한 인터넷뉴스 사이트 자유게시판에 '이런 꿈을 꾸게 될 줄 상상도 못 했습니다'라는 제목의 글이 올라왔다. 장성에서 벌어지는 갈등 사태를 걱정하는 글은 다음과 같다.

정말 신기하고 잊히지 않을 만큼 선명한 꿈을 꾸었습니다. 붉은 여의주를 물고 있는 용이 황금색 도포를 걸치고 장성군청 상공을 돌면서 군청 벽면에 붙어 있는 수십 마리 까마귀들을 모두

불태워 물리치더니 군청 옥상에 내려앉아 입에 물고 있던 붉은 여의주를 내려놓는 것입니다. 여의주 속에서 노란 자포를 입은 작지만 잘생긴 사람이 붉은 여의주를 깨고 나와 군기 게양대 앞으로 걸어가 장성군기를 달았습니다. 군기를 달자마자 용이 그 사람의 허리를 휘어 감고 군청 앞 현관에 내려놓았습니다. 군청 광장에서 수많은 사람이 활짝 웃으면서 반겨줬습니다. 그 때의 감동과 환상적인 모습이 아직까지도 잊히지 않을 만큼 생생해 글을 올립니다.

당시 내 머릿속엔 장성을 색채도시 옐로우시티로 만들겠다는 구상이 들어 있었다. 1990년대 초반 영국에서 국비로 유학하던 시절 세계 최대 정원 및 원예 박람회인 '첼시 플라워쇼'를 보고 색채도시라는 아이디어를 떠올렸다. 색채를 관광자원화해 성공한 도시가 세계엔 많다. 아르헨티나의 라 보카는 파스텔 색조, 인도 자이푸르는 핑크, 스페인 안달루시아는 파랑, 그리스 산토리니는 순백과 파랑을 관광 자원으로 만들어 성공했다. 장성을 이런 도시들처럼 아름다운 색채도시로 만들고 싶었다. 옐로우시티라는 색채도시를 만들기 위해 가장 필요한 자원이 바로 황룡강이었다. 비록 잡초만 우거진 황량한 강이었지만 장성의 미래는 황룡강에 있다고 확신했다.

'황룡강을 랜드마크(한 도시를 상징하는 곳) 삼아 장성을 마을마다 노란 황금빛이 가득하고 따사롭게 빛나는 색깔 있는 도시로 만들자. 황룡강의 범람을 차단하자. 물 위로는 걷고 싶은 공간을 만들어 강과 사람이 공존하게 하자. 황룡강변은 군민의 휴식공간으로 만들자.' 내 머릿속엔 온통 노란색과 황룡강뿐이었다.

그런 내게 인터넷뉴스 사이트 자유게시판에 오른 용꿈 이야기는 범상치 않게 다가왔다. 전설 속의 황룡이 살아서 내게, 그리고 우리 장성에 나타난 것만 같았다. 단지 희망으로만 그칠 수도 있었던 내 구상은, 그리고 장성의 발전을 간절히 바랐던 네티즌이 꾼 용꿈은 3년이 지난 지금 정말 누구도 믿기지 않는 현실이 됐다.

장성은 지금 대한민국 지방자치단체 최초의 컬러마케팅인 '옐로우시티 프로젝트'를 추진해 세계적인 색채도시로 도약하고 있다. '옐로우시티'라는 네이밍도 세계 최초이지 않을까 싶다. 실제로 특허까지 낸 덕분에 옐로우시티라는 브랜드는 장성군밖에 사용할 수 없다. 이처럼 남다른 아이디어와 미래를 내다보는 혜안으로 무장한 장성에서 더 이상 정체돼 있는 시골

마을을 연상할 수는 없다. 볼거리와 즐길 거리가 넘치고 '웰빙 도시', '복지 1번지'로 질주하는 장성에서 군수로서 밤낮없이 일하는 지금이 행복하다. '대한민국의 미래를 보고자 한다면 장성을 보라.' 이런 자부심으로 일하고 있다.

내 소망은 오직 더 나은 장성을 만드는 것이다. 내 철학과 가치관 모두 거기에 맞춰져 있다. 실제로 내 남은 삶을 오로지 장성을 위해 던진다는 각오를 곱씹으며 그때마다의 고비를 극복하고 우뚝 다시 섰다. 내 운명을 좌지우지할 절체절명의 갈림길에 설 때도 똑같은 각오를 되새기며 내 고향 장성에 도움이 되는 길만을 선택했다.

이 책은 드라마틱한 장성의 발전 과정을 담은 '기적의 보고서'인 동시에 더 큰 꿈을 향해 질주하는 장성의 현재와 미래를 담은 '희망의 보고서'다. 장성의 발전을 염원하는 모든 분들에게 꿈을 담아 이 책을 바친다.

아름다운 귀향, 그 뒷이야기

인간개발연구원 회장 **장만기**

사람을 변화시키는 것은 사람이고 그 사람들이 주변 환경과 삶의 질을 변화시킬 수 있다. 결국 사람이 전부인 것이다. 23년 동안 장성아카데미를 통해 시민 교육의 금자탑을 쌓아올린 장성군이 옐로우시티 프로젝트로 다시 주목받고 있다.

장성의 화려한 변신과 성공한 도시로서의 명성은 장성사람들의 선진적 마인드에서 출발한 것이다. 나이를 거꾸로 먹는 도시 장성은 고령화에도 오히려 더 젊고 창의적인 도시로 부각되고 있다. 이 책을 통해 그 비결을 찾아보는 즐거움을 찾길 바란다.

인천재능대학교 교수,
『주식회사 장성군』 저자 **양병무**

장성군의 혁신행정 이야기를 출간한 지도 어느덧 13년이 지났다. 그 이후로도 장성군은 황룡강 르네상스로 불릴 만큼 더 큰 도약과 비상을 이루고 있다. 내 고향 장성이 지방자치의 성공신화로 일컬어지고 있어서 무한한 자부심과 긍지를 느낀다. 유두석 군수의 창조적 리더십과 지치지 않는 열정이 장성을 아름답고 살기 좋은 미래복지도시로 만들어 더욱 자랑스러운 고향이 되리라 믿는다.

명지대 명예교수,
지방행정안전연구소 이사장 **정세욱**

유두석 군수는 여러 모로 대단한 사람이다. 첫째, 국
비유학으로 영국에서 지역계획학 석사, 국내에서 도
시계획학 박사학위를 받았고, 국토교통부 요직을 두
루 거친 이른바 이론과 실무를 겸비한 도시계획 전
문가이다. 둘째, 장성에서 초 · 중등학교를 다닌 장성 토박이로서 애향심이 유
달리 강하다. 셋째, 어떤 어려움과 난관에도 굴하지 않고 끝까지 소신을 관철
하고야 마는 의지와 신념의 인간상人間像이 돋보인다. 넷째, 정책의 결정과 추
진 과정에 항상 민의를 반영하는 개방형 성격에 민주적 리더십을 갖고 있다.
『아름다운 귀향, 그 뒷이야기』에는 유두석 장성군수가 장성군민을 위해, 장성
을 살기 좋은 고장으로 발전시키기 위해 얼마나 고심해 왔고, 얼마만한 열정
을 쏟았는가가 고스란히 실려 있다. 이 책은 지방정부 수장이 어떠한 공직관公
職觀, 철학과 능력을 갖고 있느냐에 따라 한 지역이 얼마나 발전할 수 있는가
를 보여주는 '실증적 보고서'다. 지방자치 학도, 지방공직자 및 공직 지망생들,
특히 지방정부 수장의 꿈을 가진 분들에게 지침서가 될 것이라고 확신한다.

경제학박사, 서울대 명예주임교수 **오종남**

유두석 군수가 꿈꾸는 장성군. 회고록의 원고를 읽
으며 감동으로 가슴이 뭉클함을 느꼈다. 그는 흙수
저 출신 공무원으로 과천, 분당, 일산 등 5개 신도시
를 건설한 '신도시건설기획단'에서 일하는 행운을 얻
었다. 이 책에는 주택 · 도시계획 전문가 유두석 군수
가 꿈꾸는 장성군의 비전이 나와 있다. '21세기 장성아카데미' 강사의 한 사람
으로서 강의보다 더 상큼하고 유익한 이 책의 일독을 권한다.

광주과학기술원 총장 **문승현**

4차 산업혁명은 인공지능AI, 로봇기술RT, 생명과학LS
이 주도하는 차세대 산업혁명이다. 이러한 4차 산업
혁명이 주도할 '미래도시'에서 첨단기계나 자동화시
스템만 떠올린다면 일차원적인 발상이다. 정보통신
기술ICT이 대체할 수 없는 콘텐츠를 통해 미래를 설
계하는 선제적 대응과 남다른 혜안이 필요하다.

유두석 군수는 현재의 성과에 안주하지 않고 한 발 더 나아가 새로운 가치를
발견하려는 노력을 하고 있다. 눈앞의 만족을 넘어 모든 가능성을 염두에 두
고 장성의 백 년을 설계하는 그의 군정철학과 미래 사회에 대한 디자인 능력
이 4차 산업혁명 시대를 맞아 장성을 휴양·힐링 도시로 구축하는 데 큰 힘이
될 것이다.

오지탐험가, 긴급구호 전문가,
월드비전 세계시민학교장 **한비야**

나는 『1그램의 용기』 서문에서 하고 싶은 마음과 망
설이는 마음이 50대 50으로 팽팽하게 줄다리기할
때 딱 1그램의 용기만 보태면 한 발짝 앞으로 나아
갈 수 있다고 썼다. 진정한 용기는 두려움이 없는 게
아니라 두려움을 이겨내는 거라는 믿음이 있기 때문이다.

나는 장성군과 인연이 깊다. 1999년 12월에 이어 18년 만인 2017년 2월에
다시 그 유명한 '21세기 장성아카데미' 강연 무대에 섰다. 2017년 강연에서
장성군민들에게 1그램의 용기를 가지고 하고 싶은 일을 하면서 세상을 바꿔
달라고 당부했던 일이 또렷이 떠오른다. 그날 맨 앞자리에서 누구보다도 열정
적인 자세로 내 말에 귀 기울이시던 유두석 군수님의 모습도 선명하다. 그 열
정 그대로 앞으로도 장성군을 한 발짝 한 발짝씩 더 나은 곳으로 이끌어주시
길 당부 드린다.

(전) 국토교통부 장관 **임인택**

평소에 글을 쓴다는 것이 얼마나 어려운 일입니까?
제3자에게 자기 능력과 경륜을 가감 없이 표출하는
일이기에 더욱 그렇습니다

건설교통부에서 같이 근무할 때 유두석 씨의 능력에
대하여 의심해 본 적이 없습니다. 해박한 업무파악과
추진력 그리고 친화력까지 겸비하고 있었습니다. 그가 고향에 내려가 목민관으
로 서장성군을 세계적인 옐로우시티로 탈바꿈 시키기 위하여 불철주야 애쓰고
있다는 말을 듣고 유두석 씨이기에 가능하다고 생각하였습니다.

장성군을 옐로우시티로 만들기 위하여 그가 평소에 가졌던 사상, 추진방향, 추
진실적, 미래의 비전을 모두 포함한 책을 발간하게 되어서 정말 뜻깊은 일이라
생각합니다. 한마디로 유 군수의 능력과 인간성 그리고 리더십과 미래비전을
그려놓은 좋은 책이라고 생각하고 이 책의 일독을 적극 추천합니다.

전 건설교통부 장관,
현 주택산업연구원 이사장 **추병직**

'옐로우시티 프로젝트'와 '황룡강 르네상스 프로젝트'
는 지방 소도시의 극적반전과 화려한 부활을 보여주
는 특별한 사례이다. 이 책은 사람들이 찾아오는 도
시, 살고 싶은 도시에 대한 철학을 제시해 주는 지침
이 될 것이다.

함께 공직에서 일하며 누구보다도 유두석 군수의 능력과 진실된 인성을 알고
있었기에 고향에 내려간다는 말을 들었을 때에도, 놓치고 싶지 않은 마음뿐이
었다. 고군분투하는 유 군수의 소식을 들으면서도 결국은 고향 장성을 멋지게
만들어 놓으리라 믿고 있었고, 결국 그의 선택은 틀리지 않았다.

전 국토해양부(현 국토교통부) 장관 **권도엽**

건설부에서 건설교통부에 이르기까지 공직생활을
함께한 유두석 장성군수는 일 잘하는 공무원으로 유
명했다. 능력만 탁월한 게 아니라, 매사에 열정이 넘
치고, 친화력 또한 뛰어나 선후배 공직자들의 사랑과
신뢰가 남달랐었다.

어느 모임에서든 술은 고향 소주만 찾을 정도로 애향심도 유별났었다.
유 군수가 군수 출마를 위해 귀향했을 때 누구보다도 열렬하게 반긴 이유도
이 때문이다.

풍부한 행정 경험과 주택·도시·토지 전문가로서의 능력, 거기에 애향심까지
남다른 만큼 장성군의 비약적인 발전을 이끌 적임자라고 믿었다. 그리고 지금
까지 내 믿음이 헛되지 않았다는 것이 입증되고 있다. 자치단체장의 철학과
비전, 능력이 한 지역을 어떻게 변모시키는지 확인하고 싶다면 장성군이 바로
그 답이다. 그와 한곳에서 근무했다는 사실이 자랑스럽다.

언제나 젊은 돌쇠 유두석 선배가, 고향 분들과 함께 그 너털웃음을 이어가며
'아름답고 품격 높은 미래형 도농복합도시 장성'의 소망을 꼭 이루시기를 바란
다. 가옥과 건물 지붕 등은 짙은 갈색계통을 입히는 것이 품격 향상에 도움 되
지 않을지도 고려하면서….

전 건설교통부 차관,
전 대한주택공사 사장 **최재덕**

건설교통부 시절에도 유 군수는 일꾼으로서 유명했
지만 장성으로 돌아간 후에도 "부지런한 것으로, 열
심히 일하는 것으로, 郡을 위해서 건설교통부 후배들
을 많이 귀찮게 하기"로 有名하다.

有名하다는 말이 나왔으니 말이지만 그는 또 이름名도 재미있다. "두석이", 무슨 뜻인가? "돌처럼 단단하고, 돌처럼 변함없고, 돌처럼 확실한 사람." 名不虛傳, 사람과 이름이 정확하게 맞다.

장성군이 실버 1번지라는데, 그리고 유 군수가 당을 만들면 "경로당"을 만든다는데, 본인도 지역구 자격은 없지만 전국구로 가입하겠다. 나이 제한만 없다면. 지금까지보다도 앞으로가 더욱 기대되는 유 군수다. 이름처럼만 살아다오!

세종특별자치시장 **이춘희**

현재 세종특별자치시는 신도시 개발에 한창이다. 하루가 다르게 지역이 바뀌는 걸 보노라면 건설교통부(현 국토교통부) 차관 출신으로서 여러 신도시 건설에 참여한 적이 있는 나 역시 감탄하고 놀랄 때가 많다. 유두석 장성군수는 내게 신도시를 떠올리면 자동적으로 연상되는 인물이다.

나와 함께 건설교통부에서 일할 때 유 군수는 신도시 건설사업단의 일원으로서 발군의 능력과 추진력으로 분당, 일산, 평촌 등 대한민국을 대표하는 신도시들을 건설하는 데 주도적으로 참여했다.

영국 유학 중이라 한국에 없었음에도 5대 신도시 건설의 공로를 인정해 녹조근정훈장을 수여한 것만 봐도 그의 능력을 짐작할 수 있다. 나와 함께 일한 그가 장성군을 전국이 주목하는 도시로 만들었다는 사실이 자랑스럽다.

또한, 세종특별자치시와 장성군이 대한민국의 국가균형발전과 자치분권의 모범이 되기 위해 함께 노력하고 있으니 참으로 의미 있는 일이다. 유두석 군수와 장성군의 무궁한 발전을 기원한다.

전남대학교병원 순환기내과 교수,
한국지질동맥경화학회 회장,
한국혈전지혈학회 회장,
대한심장학회 심근경색연구회장 **정명호**

2007년 국립심혈관센터가 왜 필요한지 역설한 내 신문 기고문을 읽은 유두석 군수가 나를 찾아왔다.

일면식도 없는 내 앞에서 왜 장성군에 국립심혈관센터를 유치해야 하는지 열변을 토하는 그를 보며 '한국에도 이렇게 열정적인 공직자가 있구나' 하는 마음에 자못 놀랐다. 유두석 군수와 같은 자치단체장만 있다면 대한민국에 희망이 있겠구나 싶었다. 그와 나는 딱 10년 만인 2017년 국립심혈관센터를 유치하는 데 마침내 성공했다. 국립심혈관센터는 장성군 역대 최대 국책사업으로서 장성군의 미래를 바꿀 사업이다. 더불어 대한민국 심뇌혈관질환 연구 및 치료에서도 새 장을 열 것이다.

유두석 군수의 혜안과 추진력이 새삼 감탄스럽다.

전 국립광주과학관장 **강신영**

'장성'은 내가 태어나고 자란 고향이다. 학업과 직장으로 오랫동안 떠나 있었지만 결코 잊을 수 없는 추억의 고향이다. 돌이켜보면 유두석 장성군수가 고향 장성에 국립심혈관센터를 유치하겠다고 꿈꾸기 시작한 건 2007년으로 거슬러 올라간다. 지나온 10년 유 군수는 국립심혈관센터를 유치하기 위해 갖은 노력을 기울였지만 그 과정은 순탄치 않았고 예기치 않은 여러 난관들이 가로막기도 했다. 그러나 유 군수는 남달랐다. 포기를 모르는 리더였다. 2016년 말 나라가 어수선할 때 유 군수는 그의 꿈을 실현하기 위해 분주히 움직였다. 그는 즉각 국립심혈관센터 추진위원회를 재구성하고 나에게 추진위원장을 맡아달라고 했다. 나는 고향, 장성의 발전을 위해 기꺼이 그 직분을 맡기로 하고 위원들과 함께 지혜를 모았다. 마침내 유 군수와 추진위원회가 바라는 국립심혈관센터가 새 정부의 100대 국정과제에 포함되어 우리의 꿈이 실현될 수 있다는 희망을 갖게 되었다. 늘 꿈과 정열을 갖고 최선을 다해 리더십을 발휘하는 유두석 군수에게 박수를 보낸다. 유두석 군수의 회고록 『아름다운 귀향, 그 뒷이야기』를 통해 그의 혜안과 능력이 새삼 실감된다.

현) 조선대학교 물리학과 교수,
전) 조선대학교 자연과학대 학장,
국가균형발전위원회 평가위원 **신용진**

의학/레이저 물리학을 연구하는 장성 출신 과학자로서 그동안 한국의 광산업육성을 위한 기획에 참여하여 우리 지역에 광산업 단지조성 및 세계적인 광관련 기관을 유치하는 데 기여한 경험이 있는 본인에게 10여 년 전에 유두석 장성군수가 장성군에 국립심혈관센터를 설립하겠다는 계획을 말씀하셨을 때 미래를 보는 해박한 과학적 지식에 신선한 충격을 받았고, 그 굳은 의지에 감명을 받았다.

호남권, 그중에서도 장성군에 국립심혈관센터를 건립하는 것은 그동안 의료클러스터에서 소외되었던 우리 지역에 대한 국가균형발전 측면에서도 중요할 뿐만 아니라 기 구축된 첨단 광산업클러스터와 더불어 4차 산업의 핵심과정인 융복합에 의한 시너지효과를 이루어 성공적으로 추진될 것이다.

이 책을 읽으면서 많은 어려움 속에서도 긍정적 사고와 뚝심으로 지금의 유 군수님이 있게 되었으며 국립심혈관센터 장성유치가 100대 국정과제로 선정될 수 있었으리라 사료된다.

전남대학교병원장 **이삼용**

정부가 2017년 국립심혈관센터를 장성군에 설립하겠다고 발표한 건 장성군과 함께 국립심혈관센터 유치를 주도한 우리 전남대학교병원에도 감격스러운 경사였다.

국립심혈관센터는 대한민국 심뇌혈관질환 치료 및 연구에 한 획을 긋는 건 물론 광산업을 비롯한 지역의 배후 산업에도 막대한 영향을 미칠 것이다.

전남대학교병원은 일찍이 심혈관계 특성화 사업단을 꾸려 운영하는 등 한국 순환기내과 치료 및 연구를 선도해 왔다. 이런 선도적 연구 업적이 빼어난 전남대학교병원과 일찍부터 손잡고 장성군의 경제 판도를 바꿀 기반을 확보한 유두석 장성군수의 혜안이 새삼 놀랍다.

더구나 우리 전남대학교병원을 비롯한 의료 인프라, 지역 균형발전의 당위성, 나노산업단지 등 배후 산업 인프라, 사통팔달한 교통환경 등의 설립 당위성을 씨줄날줄로 엮어 정부를 설득하는 데 성공했다. 그 치밀한 전략과 뚝심 그대로 장성군의 발전을 이끌어가길 바란다.

CONTENTS

2부

인간
유두석을 말하다

3부

"옐로우시티 장성의
군수 유두석입니다"

1부

'장성 황룡강
노란꽃잔치'가
쏘아올린 기적

2017년 10월 13일부터 29일까지 황룡강변에서 열린 '장성 황룡강 노란꽃잔치'를 찾은 관광객들.

관람객 100만 명…
장성축제 역사의 새 장을 열다

"무엇이라도 꿈을 꿀 수 있다면
그것을 실현하는 것 역시 가능하다."
-월트 디즈니-

"사람들이 몰려들기 시작합니다."

가슴이 두근거렸다. 평소 대범하단 소리를 듣던 나도 진정할 수 없을 지경이었다. 소식을 전한 직원들도 흥분을 감추지 못했다. 한 여성이 스마트폰으로 황룡강 꽃길을 중계하는 모습도 보였다. "꽃이 오지게 많이 피어 있어야. 너도 빨리 와서 봐봐. 진짜 대박이랑게!" 그 모습을 보며 전율이 일었다. 장성군민도 아닌 외부인이 혼자 보기 아깝다며 축제 현장을 중계하는 광경이라니…. 평생 잊지 못할 감동의 현장이었다. 찬사가 쏟아졌다.

"평생 볼 꽃들을 여기서 원 없이 다 본 느낌이에요."

"넓은 황룡강변에 이렇게 많은 꽃을 심었는데 돈도 안 내고 구경할 수 있어요?"

"우와~ (꽃 심느라) 고생했겠다."

인위적으로 조성한 정원과는 전혀 다른 느낌이라면서 '천상의 정원'을 보는 듯하다는 이야기도 나왔다. 2017년 10월 13일, 바로 '장성 황룡강 노란꽃잔치'가 개막된 날 오전에 있었던 일이다.

장성군은 두 가지 역점 사업을 벌이고 있다. '옐로우시티 프로젝트'와 '황룡강 르네상스 프로젝트'가 그것이다. 노란색을 상징색으로 삼아 장성을 세계적인 색채도시로 만드는 게 '옐로우시티 프로젝트'고, 황룡강을 세계가 주목하는 명품 생태하천으로 조성하는 게 '황룡강 르네상스 프로젝트'다. '장성 황룡강 노란꽃잔치'는 이 두 프로젝트의 일환으로 마련한 축제다.

2017년 10월 13일부터 29일까지 열린 두 번째 '장성 황룡강 노란꽃잔치'는 장성 축제 역사, 아니 장성 역사의 한 페이지를 장식할 만하다. 98만 7,430명이 축제장을 방문했다. 개막 전 추석연휴(9월 30일~10월 9일) 때 방문객 20만여 명을 포함하면 120만 명이나 되는 엄청난 인파다. 인산인해를 이룬 황룡강변은 관광객들로 이뤄진 움직이는 대형 띠와도 같았다. 용을 닮은 황룡강 물줄기를 따라 이동하는 사람들의 띠는 마치 요동치는 황룡을 보는 듯했다.

축제 문의가 계속되고 방문객이 폭주한 덕에 정식 일정을 마치고서도 일주일간이나 축제장을 연장 개방해야 했다. 이때도 적지 않은 사람이 황룡강변을 찾았다. 10월 19일엔 포털사이트 네이버에서 '전국가을축제 검색어 1위'라는 놀라운 기록도 세웠다.

축제를 준비한 직원들은 감격에 겨워 입을 다물지 못했다. "장성군이 생긴 이래 이렇게 많은 사람들이 모인 건 처음"이라는 이야기가 여기저기에서 나왔다. 내심 전년 축제보다 성공할 것이라는 확신은 있었다. 정말 열심히 준비한 축제였기 때문이다. 볼거리, 먹거리, 체험거리, 문화예술공연을 풍부하게 마련하고 관내 음식점 활성화 방안도 연구했다. 하지만 이렇게까지 많은 관광객이 몰릴 줄은 몰랐다. 나도 놀라고, 주변 사람들도 놀라고, 관광객들도 놀랐다. 축제를 앞두고 그 얼마나 조마조마했던가. 파도처럼 몰려드는 사람들을 보며 나도 모르게 울컥 눈물이 나고 목이 메었다.

　주말에도 감동은 이어졌다. 아니 감동이 더욱 커졌다. 평일보다 훨씬 더 많은 관람객이 찾은 것이다. 일요일인 10월 22일엔 무려 13만 1,975명이 몰려서 광주광역시와 장성군을 잇는 국도와 고속도로가 심하게 정체되는 이례적인 일까지 벌어졌다. 인산인해, 차산차해를 이룬 황룡강을 감격스럽게 바라보다 강변으로 내려가 꽃길을 걸었다. 그런데 군수인 나를 막상 알아보고 인사하는 사람이 거의 없었다. 관람객 대부분이 외지인이었기 때문이다.

　주말까지 반납하고 행사요원으로 활약하며 고생한 직원들이 너무 고마워 업어주고라도 싶은 심정이었다. 주차 안내부터 티켓 판매, 청소까지 우리 직원들이 아니었다면 '장성 황룡강 노란꽃잔치'가 그토록 성공하진 못했으리라. 자원봉사자들에게도 감사드린다. 몰려드는 인파를 맞느라 밥 먹을 틈이 없을 정도로 정신없이 일한다는 보고를 수차례 받았다. 배고픔도 잊고 수고한 그들이야말로 '장성 황룡강 노란꽃잔치'를 성공으로 이끈 주역이다.

　장성군축제위원회의 노고에도 감사를 드린다. '장성 황룡강 노란꽃잔치'가 이렇게까지 흥행한 것은 우리 군과 머리를 맞대고 여러 빛나는 프로그램을 마련한 건 물론 축제가 매끄럽게 진행될 수 있도록 수고한 장성군축제위원회 위원님들 덕분이다. 좋은 아이디어가 떠오르면 한밤중에도 직원들에게 전화를 걸어 여러 조언을 아끼지 않은 그분들의 열정이 '장성 황룡강 노란꽃잔치'를 단 2회 만에 전국축제로 성장시키는 밑거름이 됐다는 걸 잘 알고 있다.

사실 축제가 시작되기 전부터 분위기가 심상찮았다. 추석 연휴에 이미 황룡강변에 자동차 행렬이 끝없이 늘어섰기 때문이었다. 고향에 내려온 가족친지들의 입소문을 타고 '장성 황룡강 노란꽃잔치' 소식이 급속하게 전국으로 전파됐으리라. 그 여세로 100만 명에 가까운 관광객이 꽃을 보러 장성으로 몰려든 것이리라.

"내 평생 이렇게 멋진 광경은 처음입니다."
"우와~ 거 장관이다. 멋있다."
"꽃 천지네. 기가 막히네요."
"내 고향 장성이 이렇게 좋아졌다니 믿을 수가 없어요."

황룡강변을 메운 꽃을 보며 관광객들이 탄성을 질렀다. '장성 황룡강 노란꽃잔치'가 장성 역사의 한 장을 장식하는 가슴 벅찬 순간이었다.

10월 27일부터 29일까지 열린 '백양단풍축제'도 '장성 황룡강 노란꽃잔치' 덕을 톡톡히 봤다. '장성 황룡강 노란꽃잔치' 관람객 상당수가 '백양단풍축제' 주 무대인 백암산과 백양사를 방문했기 때문이다. '백양단풍축제'가 열리기 전부터 백암산에 관광객들이 몰린 이유도 '장성 황룡강 노란꽃잔치'의 대박 흥행에 힘입은 바가 컸다.

2017년 10월 13일부터 29일까지 열린 '장성 황룡강 노란꽃잔치'에서 용뽕뽕다리를 찾은 관광객들.

Festival 장성

노란 꽃 잔치가 열리고 있는 장성군 황룡강변에 출렁이는 코스모스가 만발, 장관을 이루고 있는 가운데 15일 오후 전국 각지에서 찾은 관광객들이 강변길 따라 가을 정취를 만끽하고 있다.　／김재기 기자 ksk@

노란 꽃들의 물결~
장성으로 오세요

'장성 황룡강 노란꽃잔치' 29일까지 개최

장성 황룡강이 노란꽃으로 물들었다. 노란색은 장성군과 떼려야 뗄 수 없는 셈이다. 장성 곳곳인 황룡강의 누런 용이 마을 사람들의 수호신 역할을 했던 전설때문이다.

15일 장성군에 따르면 올해 전설과 노란색을 접목한 스토리텔링을 통해 대한민국 지방자치단체 최초의 컬러마케팅인 '옐로우시티 프로젝트'를 벌이고 있다.

"사계절 내내 노란 꽃과 나무가 가득하되 불과 사람이 공존하는 자연친화적 도시', '마을마다 노란 황금빛이 가득하되 따사로운 빛나는 색깔 있는 도시'로 장성을 만드는 프로젝트다.

'옐로우시티' 장성군이 자신 있게 내세우는 축제가 바로 '장성 황룡강 노란꽃잔치'(이하 '노란꽃잔

황룡강 일원 20만㎡에 백일홍·코스모스·해바라기 만개
자치단체 최초 컬러 마케팅 '옐로우시티 프로젝트' 핵심

치)'다. 황룡강은 사실 버려진 강이었다. 잡초가 우거져 황량하기까지 했던 황룡강의 가치를 재발견한 인물이 유두석 장성군수다.

유 군수는 황룡강의 생태학적 가치와 관광자원의 가치를 깨닫고 '황룡강 르네상스 프로젝트'를 통해 황룡강에 새로운 생명을 불어넣는 작업에 나섰다. 그 작업 중 하나가 최근 지난해 황룡강에서 처음으로 개최한 '노란꽃잔치'다.

처음엔 반대도 많았다. "그렇게 넓은 황룡강에서 꽃 축제를 여는 게 가능하겠냐"며 반대한 사람이 대다수였다. 유 군수는 "제주도 올레길 교 프로젝트도 처음엔 반대가 많지 않았냐"라면서 "군민과 함께하는 거버넌스의 위대한 힘을 믿고 황룡강에 노란 꽃 심기를 시작했다"고 강조했다.

결과는 대성공이었다. 수십만명의 관람객을 모으며 크게 흥행한 것.

자연 상태를 그대로 활용해 개최한 축제였는데 황룡강의 생태를 성공적으로 복원한 점 들을 높게

평가받아 "축제의 새 페러다임을 제시했다"라는 평가를 받기도 했다.

'노란꽃잔치'의 핵심은 꽃이다. 황룡강변 약 20만㎡(6만평)에 백일홍과 황화 코스모스, 해바라기 등을 대규모로 심고, 13.5㎞ 길이의 '꽃강'을 조성했다. 형형색색의 꽃들이 가을바람결과 일제히 흔들리는 모습은 장관 그 자체다.

꽃 사이로 난 길만 걸어도 몸과 마음이 저절로 '힐링'되는 느낌을 가질 수 있다. 꽃길을 걷다보면 꽃으로 만든 '돈벼락 터널', '소원이 이루어지는 징검다리' 등 다양한 스토리가 있는 장소를 만날 수 있다.

길을 걷다 피곤하면 '옐로우 전동차'를 타도 된다. 황룡강변의 시원한 바람과 꽃향기를 만끽할 수 있다. 체험 프로그램도 다채롭다. 황룡강 일원에 조성된 '동화마을정원', '통통정원', '황룡정원', '황금마을정원', '포토정원', '섬티정원'에서 동물세밀화과 수상꽃자전거, 전동차를 타는 프로그램을 즐길 수 있다.

이밖에도 다양하다. 황룡강 일대 여러곳을 찾는 '여의주를 찾아라', 솜사탕과 팝콘을 무료로 나눠주는 '옐로우 나누기', 축제 현장 5곳을 방문해 스탬프를 받으면 선물을 증정하는 '스탬프 랠리' 등의 이벤트가 열린다. 축제장에서 2만원 이상을 사용하면 지역 기업매점로부터 협찬 받은 돗자리도 증정한다.

이번 축제에서 처음으로 장성판 '슈퍼스타K'인 예능경연대회 '슈퍼스타 Y'가 처음으로 열린다.

1차 예선(10월14~19일), 2차 예선(23~26일)을 거쳐 일반·비일반 부문에서 각각 18팀을 선정한다. 준결승전(27일)에서 결선 진출 5팀을 각각 선발에 결선(29일)에서 최종 3팀을 뽑는다.

한편, 오는 29일까지 열리는 노란꽃잔치는 밤에도 즐길 수 있다. 조명을 설치해 야간에도 황룡 강변의 아름다움을 만끽할 수 있다. '슈퍼스타Y'를 비롯한 프로그램을 야간 시간대에 안배했다.

／장성=김환태 기자

황룡강변에 만개한 백일홍.

"옐로우시티 장성 대표축제 가족과 즐기세요"

유두석 장성군수

서 가장 낮은 수치를 기록했다"고 말했다. 오존은 피부 손상, 가슴 통증, 기침 등의 증상을 유발한다.

그는 장성의 공기가 이렇게 좋은 이유가 산이 많기 때문이라고 했다. 유 군수는 "임야가 전체 면적의 80%를 넘는 장성"이라면서 "백양산과 축령산의 울창한 산림이 오존 농도를 낮추는 데 영향을 미쳤을 것이다"고 말했다. 유 군수는 "축산과 컨베이어 내뿜는 항균물을 피폰히지는 대기 유해 물질을 제거하는 일등공신"이라면서 "이렇게 자연경관이 뛰어나면서도 산 시본에의 기능까지 제대로 갖춘 도농복합도시라는 점이 장성의 자랑이다"라고 말했다.

유 군수는 장성의 물이 전국 수준이라고도 말했다. 그러면서 그는 물이 좋아 좋은 술을 만든다고 믿은 보해양주 창평주 고급 임원 회장이 좋은 물을 찾아 전국을 돌아다니다 물 품질로 소문난 장성군 영천리 방울샘을 발견했다는 일화를 소개했다.

이어 그는 "장성 전통주 제조업체인 해월도가가 주인이자 술 빛는 장인인 임해훼씨가 '장성은 물이 워낙 좋아 수돗물로 판 지역보다 월등히 뛰어나다'고 말할 정도"라면서 "부산에서 이주한 임씨가 장성에 해월도가를 차린 이유 중 하나가 장성의 물이 좋기 때문"이라고 설명했다.

유 군수는 전국 지방자치단체 최초

의 컬러마케팅인 '옐로우시티 프로젝트'를 통해 장성을 해체인도시로 변모시킨 주인공이기도 하다. '옐로우시티 프로젝트'의 골자는 '사계절 내내 노란 꽃과 나무가 가득하되 꽃과 사람이 공존하는 자연친화적 도시'를 만드는 것이다.

유 군수는 장성군에 노란색을 접목한 이유에 대해 "장성의 젖줄인 황룡강에는 누런 용이 마을을 수호했다는 전설이 있는 만큼 장성과 노란색과 떼려야 뗄 수 없는 숙명적인 관계"라면서 "누런 용과 노란색을 접목해 대한민국 지방자치단체 최초의 컬러마케팅인 '옐로우시티 프로젝트'를 착안했다"고 밝혔다.

유 군수는 노란색은 '황제의 색'이자 '부(富)의 '중심'을 상징한다면서 부자촌을 만들고 '호남의 중심'이 되겠다는 의지가 반영됐다고 설명했다. 13일부터 29일까지 황룡강 일원에서 열리는 '장성 황룡강 노란꽃잔치'를 '옐로우시티' 장성의 진면목을 확인할 수 있는 축제다. 지난해 축제 때 수십만 명의 관람객이 찾을 정도로 히트하면서 화제를 모은 장성의 대표 축제다.

유 군수는 "축제 이름에서도 앞으로 있듯이 '노란꽃잔치'의 가장 중요한 요소는 꽃"이라고 말했다. 그는 "약 20만㎡(6만평가량) 넓이의 강변에 백일홍과 황화 코스모스 등의 꽃을 10여 송이 가장 대규모로 심었다"며 "3.5㎞에 이르는 꽃강을 걸으면 몸과 마음이 절로 '힐링'되는 느낌을 가질 수 있다"고 말했다.

／장성=김환태 기자

"장성은 살기 좋은 도시입니다. 전원생활의 여유로움과 도시생활의 편리함을 동시에 누릴 수 있는 도농복합도시죠. 그 어느 지역보다 뛰어난 자연경관과 함께 도시 본연의 기능을 완벽하게 갖추고 있는 곳이 바로 장성입니다."

유두석 장성군수는 "장성은 산 좋고 물 좋기로 옛째가리면 서러운 지역"이라면서 이같이 밝혔다.

유 군수는 "국립산림과학원이 5년 전국 68개 산속의 대기청정도를 분석해 발표한 적이 있는데 당시 조사에서 장성군 대기 오존 농도가 전국에

'황룡강 노란꽃잔치' 테마정원에 조성된 동화마을 정원과 문화정원, 쉼터정원 등이 관람객들의 눈길을 사로잡고 있다.　　　김혁기 기자 kkk@kidaily.com

'황금미로' 체험할까? '동화마을'서 아기돼지 만날까?

◉ 노란꽃잔치 대표 정원

성 황룡강 노란꽃잔치가 열리는 황룡강변에는 '동화마을 정원'과 '문화정원', '황룡정원', '황금미로정원', '포토정원', '쉼터정원', '힐링 허브정원', '연꽃정원' 등 특색에 제각기 다른 정원들이 조성돼다. '노란꽃잔치'의 대표적인 정원들을 소개한다.

◇동화마을 정원

꽃과 함께하는 동화 & 동물체험이 있는 정을 콘셉트로 조성한 '동화마을정원'에선 동심캠프 듣기, 동물 관찰하기, 동물 되먹임 등을 할 수 있다. 장성군은 '동화마을정원' 안에 7개까지 삼형제 정원'·'오즈의 마법사 정원'·린 왕자 정원'을 소주제로 만들었다. '아기돼지 삼형제 정원'은 돼지를 관찰하고 사진으로도 경할 수 있는 정원, '오즈의 마법사 정원'은 염와 송아지에게 먹이 주기를 할 수 있는 정원, 린 왕자 정원'은 토끼와 병아리를 만져볼 수 는 정원이다.

◇문화정원

'문화정원'의 콘셉트는 '꽃과 함께 시와 글이 는 가을 길 옐로우 정원'이다. 이 정원에는 야식 도서관인 '북 텐트 존'이 마련돼 야외에서 청하게 독서를 즐길 수 있다.

'전통놀이 체험관'에서는 널뛰기와 투호 던지, 윷놀이 등의 한국 전통놀이를 체험할 수도 다. 660㎡(200평) 넓이의 잔디밭 위에 세워진 놀이 텐트에서 휴식을 취할 수 있다. 애완동물 이터도 마련했다.

◇황룡정원

'문화, 역사, 즐거움이 함께하는 노란꽃잔치' 콘셉트인 이 정원은 이번 축제의 주요 무대이 성운동장이다.

도약하는 장성군을 상징하는 황룡 조형물을 심으로 '옐로우시티' 장성의 과거와 현재, 미를 상징하는 각종 자연 조형물이 꽃잔디와 함께 조성돼 있는 곳이다. 모든 조형물을 색색의 성운동장이다.

가을꽃으로 만들어 보는 것만으로도 감탄을 자 아낸다. 황룡정원 구간의 강에는 '수상꽃자전 거'도 탈 수 있다. '푸드존'이 마련돼 있어 각종 음식을 즐길 수 있다.

◇황금미로정원

'황금꽃마차를 찾아가는 가을 속 비밀의 공 간'을 콘셉트로 조성한 정원이다. 백일홍으로 만든 미로에서 즐거운 한때를 보낼 수 있다. 페 이스페인팅 등을 체험할 수 있는 '체험존'도 마 련됐다. 지난해 축제 때 관람객으로부터 큰 인기 를 끌었던 전동차를 탈 수 있는 곳이기도 하다.

전통찻집을 타고 시원한 강바람을 맞으며 꽃길 사이를 달리면 스트레스를 날릴 수 있다. 밤에는 소원을 담은 유등을 하늘로 날려 보내는 '소원 유등' 날리기도 체험할 수 있다.

◇포토정원

'가을꽃과 함께 장성의 추억을 담다'를 콘셉 트로 조성한 '포토정원'에는 구간 구간마다 형 형색색의 가을꽃으로 만들어놓은 다채로운 포 토 조형물을 마련했다. 산책을 즐기며 '노란꽃 잔치'의 추억을 오랫동안 간직할 수 있는 기념 사진을 촬영하기에 적합한 곳이다. 포토정원 구 간의 황룡강에는 '용룡징다리'라는 재미난 이름 의 다리가 설치돼 있다.

◇쉼터정원

'황룡강 노란꽃 속에서 느끼는 가을의 휴식 공 간'을 콘셉트로 만든 정원에서 가족이나 연인과 함께 꽃길을 걸으며 황룡강변에 흐드러지게 피 어 있는 꽃을 감상할 수 있는 정원이다.

노란꽃잔치의 안내도(위) 및 꽃화단(아래)이 수려한 황룡정원.

1만원 쿠폰 구매하면
할인권·시식권 선물

'장성 황룡강 노란꽃잔치'가 다채로운 쿠폰· 선물이벤트를 연다.

장성군은 황룡강 일원에서 열리는 '노란꽃잔 치' 기간동안 관람객들을 위한 풍성한 쿠폰·선 물 증정 이벤트를 벌인다.

우선 장성군은 관람객이 1만원 짜리 쿠폰을 구매하면 할인권 8매와 시식권 1매, 경품 응모 권 1매를 주는 '엘림 해피 드림' 이벤트를 개최 한다.

할인권은 지역 음식점에서 음식을 먹거나 전 동차·소원유등·수상자전거·경비행기·드론 체 험을 할 때 사용할 수 있다. 할인권을 제시하면 전동차·수상자전거 체험 땐 요금의 20%를, 경 비행기·소원유등·드론 체험 땐 요금의 50%를 할인받을 수 있다.

또 지역 음식점에서 음식 값의 10%를 할인받 는다. 쿠폰과 함께 증정하는 시식권으로 튀·쿠 키를 맛볼 수 있다. 1만원짜리 쿠폰을 세 장 구매 하는 관람객에게는 지역 기업체 홍보용 돗자리 를 준다. 쿠폰 구매자들을 위해 대형 TV, 마스 크팩 등 푸짐한 경품도 준비했다. TV의 경우 50 대나 마련됐다.

휴대폰에 '축제스탬프투어' 앱을 설치한 뒤 다섯 개 정원을 둘러보는 스탬프 투어를 하면 선물을 주는 이벤트도 연다. 정원 다섯 곳을 방문해 QR코드로 사진을 찍으면 전자렌지 전용 용기를 증정한다.

꽃길 5km를 걷는 '황룡강 걷기대회' 프로그램 도 주목을 모은다. 참가자들에게 가을 특산품이 삼겹살로 만든 간장, 오일, 페를 중 하나와 함께 토 시와 이벤트 쿠폰을 증정한다. 참가비는 5천원.

장성=김문태 기자

1부 '장성 황룡강 노란꽃잔치'가 쏘아올린 기적

나는 왜 수많은 색 중에서
노란색을 장성의 색으로 삼았을까

"리더는 사람들을 타성에서 벗어나게 해 주는 사람이다.
미지의 세계에 대한 기대를 심어주는 사람이 리더다."

-로사베스 칸터-

　우리 군의 핵심 시책과 축제인 '옐로우시티 프로젝트'와 '황룡강 르네상스 프로젝트', '장성 황룡강 노란꽃잔치'는 모두 노란색을 상징으로 삼고 있다. 나는 왜 그 많은 색 가운데 하필이면 노란색을 선택한 걸까. 그것은 노란색이 장성군과 떼려야 뗄 수 없는 숙명적인 관계이기 때문이다. 장성의 젖줄인 황룡강은 이 지역을 지키는 누런 용, 즉 황룡이 지역 사람들을 수호했다는 전설을 품고 있다. 누런 용에서 황금색인 노란색이 발현한 것이다.

　노란색을 선택한 첫 번째 이유는 오방색(적·청·황·흑·백)의 중심인 노란색이 장성의 이상을 담은 색이어서다. 호남의 중심, 나아가 대한민국과 세계의 중심으로 성장하고자 하는 큰 뜻을 담은 색이 바로 노란색이다. 그런 의미에서 노란색은 작지만 강한 지자체를 만든다는 우리 군의 포부를 담고 있다.

노란색을 장성의 색으로 정한 두 번째 이유는 '최고'를 상징하는 색이기 때문이다. 우리 역사에선 1897년 10월 12일 대한제국을 선포한 고종만이 유일하게 임금 중의 임금인 '황제'라는 칭호로 불렸다. 경복궁, 창덕궁 등 왕이 머문 여러 궁궐 중에서 고종 황제가 거처한 덕수궁에만 황제를 상징하는 노란색 창틀을 사용했다고 한다. 이렇듯 최고를 의미하는 노란색에는 전국 최고의 도시를 만들겠다는 장성의 의지가 반영돼 있다.

세 번째 이유는 노란색이 황금색으로서 부富, 즉 웰스Wealth를 상징하기 때문이다. 노란색은 한마디로 장성을 '부자농촌'으로 만들겠다는 의지를 담은 색이다.

이렇게 노란색은 세상의 좋은 뜻은 모두 갖고 있는 색이라고 할 수 있다. 무릇 도시계획은 한 도시의 이미지를 전체적으로 드러낼 수 있도록 구상해야 한다. 고도로 정제하지 않은 도시계획은 한 도시의 이미지를 특징화하는 데 실패하기 마련이다. 도시계획 전문가로서 노란색을 장성의 상징으로 삼은 이유가 여기에 있다. 전 국민이 노란색 하면 곧바로 '옐로우시티 장성'을 떠올리게 하자는 게 내 생각이었다.

서울에서 도시계획을 전공한 교수, 공무원들과 함께 식사할 때 있었던 일이다. 그들에게 장성의 보물인 황룡강에서 착상한 노란색을 장성의 상징색으로 삼아 한국 지자체 최초의 컬러마케팅인 '옐로우시티 프로젝트'와 황룡강을 명품 생태하천으로 조성하는 '황룡강 르네상스 프로젝트'를 추진하고 있다는 이야기를 꺼냈다. 더 나아가 노란 꽃을 주제로 한 '장성 황룡강 노란꽃잔치'라는 축제까지 열었다고 설명했다.

그랬더니 "기상천외한 천재적인 발상"이라면서 여기저기에서 칭찬이 쏟아졌다. 장성의 과거와 미래 비전을 함께 반영하는 동시에 장성이란 도시의 이미지를 절묘하게 포착해 구체화한 탁월한 구상이라는 것이다. 도시계획 성공 사례로서 다른 지자체에도 영감을 줄 만하다는 칭찬과 함께 많은 조언을 아끼지 않았다. 실제로 나는 2016년 8월 18일 중국에서 개최된 '한중 상해 디자인 포럼'에 참석해 옐로우시티 브랜드 사례를 발표해 큰 호응을 받은 바 있다.

왜? 노란색 일까?

황룡강에 마을을 지키는 누런용이 살았다는 전설.

Center 오방식의 중심 노란색은 호남의 중심 장성이 대한민국의 중심이 되는 희망을 담고 있습니다.

Best 노란색은 최고를 상징하듯 전국 최고도시로 만들겠다는 뜻이 담겨 있습니다.

Wealth 부(Wealth)의 상징 노란색은 부자농촌 장성의 의지를 담고 있습니다.

" 이렇게 노란색은 장성과 숙명적 관계입니다. "

약수천을 문화와 생태가 살아 있는 명품하천으로 만드는 '약수천 정비사업'의 일환으로 조성한 옐로우시티 생태공원.

아름다운 귀향, 그 뒷이야기

1부 '장성 황룡강 노란꽃잔치'가 쏘아올린 기적

노란 꽃이 만발한 장성문화예술회관. 2017년 5월에 찍은 사진이다.

아름다운 귀향, 그 뒷이야기

1부 '장성 황룡강 노란꽃잔치'가 쏘아올린 기적

잡초만 우거졌던 황룡강이
대한민국 제일의 '꽃강'이 되기까지

"태풍이 불기 시작하면 어떤 사람들은 담을 쌓는다.
하지만 어떤 사람들은 풍차를 만들기 시작한다."
— 네덜란드 속담—

옐로우시티라는 색채도시를 만들어 노란 꽃이 가득한 축제를 열자는 아이디어는 영국 버밍엄대학교에서 국비유학하던 시절 관람한 '첼시 플라워쇼' 축제장에서 처음 착상했다. '첼시 플라워쇼'는 1827년부터 영국왕립원예학회가 주관한 세계 최대의 정원 및 원예박람회다. 새로 개발한 꽃, 여러 스타일의 정원, 가드닝 제품 등을 한자리에서 볼 수 있는 이 축제는 정원예술가들에게 '꿈의 무대'다. '첼시 플라워쇼'에서 받은 감동과 충격은 이루 말할 수 없다. '내 고향 장성에서도 이런 축제를 개최할 수만 있다면…' 당시 뇌리를 스친 생각이 나를 장성군수로 이끌고 '장성 황룡강 노란꽃잔치'를 만들었다고 해도 과언이 아니다.

하지만 황룡강에서 꽃축제를 열자는 내 생각은 처음엔 벽에
부닥쳤다. "그 넓은 강에서, 그것도 잡초만 무성한 황량한 강
에서 꽃축제를 어떻게 여느냐"라며 다들 반대했기 때문이다. 매
년 한두 번씩 범람하는 황룡강의 둔치에 꽃을 재배하는 건 불
가능하다는 의견도 있었다. 전 시사IN 편집장인 서명숙 제주
올레 이사장님이 느꼈을 고뇌를 실감해야 했다.

황룡강변에 황화 코스모스가 아름답게 피어 있다.
2017년 10월에 개최한 '장성 황룡강 노란꽃잔치' 기간에 촬영한 사진이다.

지금은 전 세계적으로 유명해진 제주올레길을 만든 서 대표님의 삶은 드라마틱하다. 23년간 기자 생활을 하다 몸도 마음도 지친 서 대표님은 스페인 산티아고의 순례길을 38일간 800km나 걸으면서 고향인 제주에도 도보길을 만들어야겠다고 다짐한다. 서 대표님의 올레길 구상은 처음엔 많은 반대에 부딪혀야 했다. "10년 뒤에나 빛 볼 일" 등의 반응은 그나마 나은 편이었다. "누가 비싼 비행기값을 내고 제주도까지 걸으려 오겠냐"라며 회의적인 반응이 대부분이었다고 한다.

서 대표님도 "내가 진짜 미친 짓을 벌이는 건 아닐까 하는 회의감과 지독한 외로움이 들었다"고 술회한다. 그러나 꿈을 꺾지 않고 밀어붙인 결과 제주올레길은 폭발적 반응을 불러일으켰다. 2007년 9월 7일 1코스(시흥초~광치기해변) 개장을 시작으로 총 26개 코스(총 425㎞)의 올레길이 탄생했다. 온 국민이 걷기 열풍에 휩싸인 건 제주 여행의 판도를 바꾼 서 대표님 덕이 크다. 몽골에 '몽골 올레' 두 개 코스를 개장하고 일본에까지 올레길 이름 그대로 코스를 개장했다고 하니 그 집념과 열정에 박수를 보내고 싶다.

'장성 황룡강 노란꽃잔치'도 올레길처럼 지독한 외로움의 끝에서 탄생했다. 황룡강에서 꽃축제를 열자고 할 때 모두가 나를 말렸기 때문이다. 수없이 많은 날을 황룡강변을 거닐며 착잡한 심정을 달래고 또 달래야 했다. 황룡강을 노란 꽃들이 넘실대는 꽃강으로 만들자는 꿈을 현실로 이루기 위해 모든 열정을 바쳤다. 많은 군민과 처음엔 회의적인 반응을 보였던 분들까지도 열정적으로 동참한 덕분에 나의 외로움은 그다지 길지 않았다. 외로움이 자신감으로, 자신감이 확신으로, 확신이 결실로 바뀌어갔고 마침내 '장성 황룡강 노란꽃잔치'는 대박을 터트렸다.

그러나 일각에선 보여주기 축제라며 '장성 황룡강 노란꽃잔치'를 깎아내리기도 했다. 과연 정말 그럴까? '장성 황룡강 노란꽃잔치'는 황룡강 생태계를 건강하게 회복하고 치수治水 기능을 강화해 전국 최고의 명품 생태하천으로 조성하는 '황룡강 르네상스 프로젝트'와 맞닿아 있다.

잡풀로 묻힌 황룡강을 준설해 퍼낸 모래와 흙으로 고수부지를 1m가량 높여 범람을 원천적으로 차단했다. 덕분에 향후 50년간은 범람을 걱정하지 않아도 될 것 같다. '장성 황룡강 노란꽃잔치'는 이렇게 안전한 황룡강 둔치에 힐링과 체험, 관광이라는 요소를 가미해 치러졌다. 이것이야말로 꿩도 먹고 알도 먹는 일석이조가 아니고 뭘까?

"꽃씨 값으로는
딱 1,700만 원이 들었습니다"

"비관론자들은 듣기에 옳다고 생각되는 말을 하지만
실제로 위대한 일을 이루는 건 낙관론자다."
−토마스 프리드만−

물론 첫술에 모두가 배부를 수야 없다. 유료 고속도로를 개통할 때도 처음엔 통행료를 받지 않고 편리성을 홍보하는 시범운행 기간을 거치기 마련이다. 입장료를 받아 수익을 내고 싶은 마음이야 나 또한 누구보다 간절하다. 그러나 자칫 입장료를 책정하고 돈값 못 한다는 평을 듣기라도 하면 지역 이미지에 오히려 타격을 줄 우려가 있다. '장성 황룡강 노란꽃잔치'를 어느 정도 알린 뒤에, 즉 돈을 내도 아깝지 않더라는 공감대를 얻은 뒤에 입장료를 받는 것이 장성을 찾는 손님들에 대한 예의라고 생각했다.

이제는 보다 나은 축제를 위해 축제의 체계와 완성도를 단계적으로 높여가는 '큰 그림'을 그리는 게 중요하다. 난 황룡강을 찾은 방문객의 발길이 꽃길을 따라 장성역과 황룡시장까지 자동으로 자연스럽게 이어지는 동선을 구상하고 있다. 이 구상 아래 '장성 황룡강 노란꽃잔치'와 관련한 각종 시설을 갖추고 정비하면 보다 멋지고 근사한 그림이 무궁무진하게 장성에 펼쳐질 것이다. 꼭 그렇게 될 것이라고 확신한다.

　여담이지만 축제가 열리기 전 황룡강변에 심은 꽃씨의 가격이 얼마나 되는지 궁금해하는 사람이 많았다. 나 또한 정확한 꽃씨 가격이 궁금했다. 그래서 담당자에게 전화로 물었다. "꽃씨 값으로는 딱 1,700만 원이 들었습니다." 순간 전율이 일었다. 1,700만이라는 숫자는 촛불집회를 주최한 '박근혜정권퇴진비상국민행동'이 최종 집계해 발표한 23차례 촛불집회 참가자 수와 일치했기 때문이다. 그때 난 확신했다. 대한민국 국민이 1,700만 개의 촛불 염원을 이룬 것처럼 우리 군민의 꽃불 염원이 담긴 '장성 황룡강 노란꽃잔치'도 반드시 성공하리라는 것을.

　말이야 바른 말이지 장성을 알리고 홍보하는 데 '장성 황룡강 노란꽃잔치'만한 행사가 또 있을까? 인구절벽 탓에 지방 군소도시들이 곧 '유령도시'로 전락할 것이라는 보고서들이 수없이 쏟아지는 마당에 눈앞에 있는 보물인 황룡강을 두고도 활용하지 못한다면 무엇으로 미래 먹거리를 만들 것인가?

　하지만 어디에든 '안티 팬'이 있기 마련인가 보다. 100만 명이
라는 어마어마한 관광객을 동원한 '장성 황룡강 노란꽃잔치'마
저도 비판적 시각으로만 바라보는 사람이 극소수지만 분명 있
다. 나도 인간인 이상 아무리 가시적인 성과 자료를 내놔도 애
써 옥에 티를 찾는 이들을 보며 야속한 마음이 드는 건 어쩔
수 없다. 특히 장성군정에 대해 일정한 공적 책임을 가진 지위
에 있는 사람으로부터 '장성 황룡강 노란꽃잔치'를 음해하는
얘기를 들을 땐 속상한 마음이 더욱 컸다. 일일이 찾아다니며
해명할 수도 없는 노릇이고….

　'좁디좁은 콩나물시루에도 누워 자라는 콩나물이 있고 서서
자라는 콩나물이 있다'라는 말이 있다. 비좁은 콩나물시루에
서 혼자 편하겠다고 누워 있는 콩나물은 얼마나 이기적인가.
장성의 발전은 아랑곳하지 않고 '장성 황룡강 노란꽃잔치'를
음해하는 행태가 몹시도 안타까웠다.

　하지만 안티 팬도 팬이라는 말이 있다. 볼멘소리나 곱지 않
은 시선도 다 새겨듣고 받아들여야 하는 게 군수의 숙명인 것
이다. 한 번으로 끝낼 축제도 아니지 않은가. 앞으로는 더 발

전하리라는 자신감을 얻은 만큼 다음엔 더 잘할 수 있을 거라는 의욕을 불태우고 있다. '장성 황룡강 노란꽃잔치'에 대해 마뜩잖아 하는 이들도 물밀듯 밀려드는 관광객들을 보며 마음이 풀리지 않았을까? 나는 '장성 황룡강 노란꽃잔치'는 물론 '옐로우시티 프로젝트'와 '황룡강 르네상스 프로젝트'를 반드시 성공시켜 장성을 세계적으로 유명한 부자도시로 만들겠다는 자신감에 부풀어 있다.

1700만 원의 기적

고

두 석
성군수

축제 시작 전부터 조짐이 심상찮았다. 각하기도 전인 추석 연휴 10일 동안 20만 명이 축제장을 찾았다.

개막 이틀째엔 7만8000여 명, 사흘째 10만1000여 명이 몰려들었다. 축제를 사람들의 입에서 입으로, 또 SNS를 타 입소문이 퍼졌다. "그 축제, 장난 아니라." 장관에 입이 떡 벌어진 관람객들이 며칠 만에 다시 축제장을 찾는 기현상지 벌어졌다. 인파는 밀물처럼 걷잡을 없었다. 일요일인 지난 22일엔 13만 075명을 찍었다. 군 인구의 세 배 가까 수치다.

지난 13일부터 오는 29일까지 장성 황룡강 일원에서 열리는 '장성 황룡강 노란꽃잔치'(이하 노란꽃잔치) 얘기다. '황룡

강변에 펼쳐진 10억 송이 꽃들의 대향연'인 '노란꽃잔치'가 말 그대로 대박이 났다. 혹자는 '기적'이라고 하고, 혹자는 '장성군의 역사에 한 획을 그은 일대 사건'이라고 했다. "장성군이 생긴 이래 이렇게 많은 사람이 몰린 건 처음이다"라는 말이 나오고 있으니 어쩌면 당연한 반응이다.

언론도 연일 '노란꽃잔치'를 보도하느라 바쁘다. 왜 안 그러겠나. 카메라를 들이대기만 해도 '작품'이 나오는 풍경이 펼쳐지고 있다. 모 언론이 '평생에 볼 꽃을 여기서 한꺼번에 다 보면 어떨까요?'라고 보도한 데는 다 이유가 있다.

'노란꽃잔치'의 대성공은 축제를 주최한 장성군으로서도 여러모로 감동스러운 경사다. 지난해 이미 히트쳤다. 하지만 여기에 만족하지 않고 여러 부분을 보강하고 개선해 고작 3회째인 축제를 명실상부한 전국 축제로 발돋움시켰다는 점에서 그렇다.

누군가 내게 물었다. "황룡강에 그렇게 많은 꽃을 심었다니 꽃씨 가격만 수억원은 들었겠네요?" 내가 말했다. "2000만원도 안 되는데요?" 묻는 사람의 눈이 휘둥그레진다. 하긴 내 친구들도 믿기지 않

는다는 표정이었다.

"정말이야, 유 군수?" 정확히 말하면 꽃씨를 구입하는 데 딱 1700만 원이 들었다. 1000만 원이 조금 넘는 꽃씨가 20만㎡의 황룡강변을 노란 빛으로 물들이고 있는 것이다. 그러고 보면 우리와 군민이 황룡강에 심은 건 꽃씨가 아니라 '기적'인 셈이다.

개인적으론 코끝이 시큰해지는 감회가 느껴진다. 이제 와서 하는 말이지만 황룡강에서 꽃축제를 열자고 내가 제안했을 때 반대한 사람이 대다수였다. '그 넓은 황룡강에 어떻게 꽃 축제를 여느냐'라는 반발이 있따랐다. 제주 올레길을 개발한 서명숙 전 시사저널 편집장의 고독한 고뇌를 실감했다. 올레길을 만들 때도 '누가 걸으려고 제주도까지 비싼 비행기 티켓까지 끊고 오겠나'라며 반대가 많았기 때문이었다. 내가 우리나라 최고의 꽃 전문가를 기간제 근로자로 채용해 황룡강에 꽃을 심겠다는 구체적인 계획을 내놓았을 때도 마찬가지였다. '그렇게 월급이 적은데 열심히 일하면 얼마나 하겠습니까?'

하지만 '거버넌스'의 힘은 위대했다. 장성군과 장성군민들은 황폐한 황룡강을

형형색깔 꽃들이 만발한 명품 생태하천으로 만드는 데 성공했다. 유난히 더웠던 지난해 여름, 군민들이 나서 3ha에 이르는 황미르랜드에 해바라기를 직접 심으며 '노란꽃잔치' 준비에 힘을 보탰던 걸 나는 결코 잊을 수 없다.

올해 축제가 대박을 터뜨린 것 역시 우리 장성군민에게 오롯이 공을 돌려야 마땅하다. '우리가 준비한 축제가 전국 축제가 됐다'라는 뭉클한 자부심이 '노란꽃잔치'가 대성공을 거둔 이유라고 믿기 때문이다.

농어촌공사에서 정년 퇴임해 유유자적한 생활을 누리다 "기름 값이라도 좀 벌어보지 않겠나?"라는 나의 꾐에 빠져 '노란꽃잔치' 실무자로 합류한 꽃 전문가도 말한다. "군민들이 없었으면 '노란꽃잔치'가 결코 성공하지 못했을 겁니다. 암, 어림도 없죠." 손발이 부르트도록 축제장의 꽃을 돌본 그도 군민들의 열정에 감동했다고 했다.

장성군민의 열정과 자부심이 만들어낸 명품 축제 '노란꽃잔치'가 오는 29일까지 황룡강에서 열린다. 장성군민이 만든 '기적'을 확인할 수 있는 절호의 기회다.

장성역 광장에 튤립이 탐스럽게 피어 있다. 2017년 4월에 열린 '빈센트의 봄' 축제 때 촬영한 사진이다.

아름다운 귀향, 그 뒷이야기

1부 '장성 황룡강 노란꽃잔치'가 쏘아올린 기적

군수직을 건다는 각오로 밀어붙인 '장성 황룡강 노란꽃잔치'

"아는 것만으로는 충분치 않다. 이를 적용해야 한다.
의지만으론 충분치 않다. 이를 실천에 옮겨야 한다."
─괴테─

세상은 혼자 힘으로 바꿀 수 없다. 따라서 자신의 전문이 아닌 분야는 해당 분야의 전문가를 활용해야 한다. '장성 황룡강 노란꽃잔치'를 구상한 건 나지만 이 구상을 구체화해 성공으로 이끈 건 각 분야 전문가들이다.

당초 첫 번째 축제는 2015년 '장성 가을 노란꽃잔치'라는 이름으로 황룡강이 아닌 장성공원에서 개최했다. 장성군에선 처음으로 열린 가을 꽃축제였는데 읍이 떠들썩했을 정도로 성공적이었다. 장성에선 처음 시도한 꽃축제가 깜짝 성공을 거두자 모든 국민에게 장성의 아름다움을 보여주고 싶은 욕심이 생겼다. 스케일을 넓혀 전국 규모의 축제장을 만들어보고 싶었다.

물론 장성공원에서 열린 축제도 반응이 좋았다. 축제 개최를 계기로 장성공원 인근 어린이 놀이터와 주차장, 도로 등 주변 인프라를 정비한 것도 수확이었다. 인적이 드물고 황성옛터처럼 삭막한 공원이 멋지게 탈바꿈하자 "장성에 이런 공원이 있었어?"라며 놀란 사람도 많았다. 하지만 장성공원은 수많은 꽃을 보여주거나 다양한 부대행사를 열기엔 비좁은 감이 있었다. '옐로우시티 프로젝트' 발원지인 황룡강으로 축제장을 옮겨 행사를 제대로 열어보자는 생각이 간절했다. 그러나 선출직 군수로서 축제장을 옮기는 건 크나큰 모험이었다. 굳이 장소를 바꿨다가 실패할 경우 따를 후폭풍을 고려하지 않을 수 없었다.

밤이면 밤마다 황룡강에 나가 고민에 고민을 거듭했다. 아내가 "황룡강변이 닳겠다"라고 말했을 정도다. 직원들에게 묻고 전문가에게도 물었다. 주민들에게도 물었다. 꽃축제 구상을 구체화하는 과정 속 여기저기에서 의견을 구하는 게 일상이 됐다.

"대체 어쩌쓰면 좋을까요?"
"황룡강에 노란 꽃을 심어도 쓰겠소?"

여담이지만 장성역에서 청소 일을 하는 박점례 님도 자기가 황룡강이나 장성역 앞에도 노란 꽃을 심으라고 군수에게 조언했다면서 자랑한다.

하지만 지인들은 축제장을 바꾸면 군수로서 입지가 불리해질 거라고 대부분 지적했다. 그래서 초심으로 돌아가 고민했다. '나는 왜 군수가 되려고 했을까?' 결론이 나왔다. 현재에 안주하면 장성에 더 나은 미래는 오지 않을 거라는 절박감을 안고 한 번 더 도전하기로 했다. '그래, 축제장을 황룡강으로 옮기자.' 오랜 숙고 끝에 축제장 주무대를 황룡강변으로 바꾸기로 결정했다.

장소를 옮기기로 과감하게 결심했지만 다음 단계가 막막하긴 매한가지였다. 축제시기를 봄으로 앞당기자는 의견이 나왔다. 봄에 축제를 열자는 것이다. "봄꽃이 화려하잖아요." 누가 봄꽃이 화려한 줄 모르겠나. 하지만 다른 지역과 차별화한 축제를 열어야 했기에 가을꽃으로 승부를 걸고 싶었다. 완벽하게 준비하려 하지 말고 빨리 시도하란 말이 떠올랐다. 해를 넘기기 전에 시작하는 것으로 가닥을 잡고 드라이브를 걸었다. 군수직을 건다는 각오로 밀고 나갔다. 어려운 결정을 내릴 땐 장성의 발전, 장성의 비전만 고려한다는 내 소신에 따랐다. 크나

큰 도전이었다.

원예학 박사인 박언정 농촌지도관(당시 농촌지도사)을 옐로우 시티 프로젝트팀 팀장으로 염두에 두고 일을 구상했다. 내 안목은 적중했다. 집에 사람을 초대하기만 해도 걱정이 많이 드는 법이다. 황룡강에 꽃을 심어 전국 각지의 관광객을 불러 모으는 엄청난 일을 누군들 맡고 싶어 했을까. 내가 인복이 많은 덕분인지 박 지도관은 결코 쉽지 않았을 일을 야무지게 척척 진행했다. 박 지도관을 포함한 열혈 직원들이 없었더라면 '장성 황룡강 노란꽃잔치'가 이렇게 성공할 순 없었으리라.

2016년 7월 황룡강 생태하천 복원 사업 현장에서 촬영한 사진.

2016년 10월에 열린 첫 번째 '장성 황룡강 노란꽃잔치'는 감동 그 자체였다.
70만 명이 넘는 관람객이 황룡강 일대를 노랗게 물들인 꽃들의 향연에 취했다.

아름다운 귀향, 그 뒷이야기

1부 '장성 황룡강 노란꽃잔치'가 쏘아올린 기적

대한민국 최고의
'코스모스 특보'를 발탁하다

"그 어떤 위대한 일도
열정 없이 이루어진 일은 없다."
-랄프 왈도 에머슨-

전문가를 영입하는 작업도 뒤따랐다. 장성을 '꽃의 도시'로 만들려면 꽃에 미친 전문가가 필요했다. 장성을 사랑하는 마음은 기본이고 그 누구보다 꽃을 잘 아는 프로여야 했다. 그것도 박한 대우를 감수하는 악조건으로 말이다. 그러니 머리를 쥐어짜낼 수밖에.

그러던 중 마침 떠오른 한 명이 있었다. 고향 후배 문원균 씨였다. 한국농어촌공사 고위직으로 일하다 은퇴한 문 씨는 내게 '코스모스 박사'나 다름없었다. 그는 꽤나 넓은 장성댐 아래 공유지에 코스모스를 심어 볼거리 가득한 꽃밭으로 만든 독특한 이력의 소유자다. 나도 코스모스 정원의 소문을 듣고 직접 구경한 적이 있는데 아니나 다를까 너무도 근사했다. 내 장점 중 하나가 바로 폭넓은 인맥 아닌가. 고민이 있고 돌파구가 필요할 때마다 귀인처럼 도와주는 지인이 늘 나타났다. 꽃 전문가, 그것도 가을꽃 전문가가 때마침 내 주위에 있었던 것이다.

문 씨는 한번 시작한 일은 끝을 보는 완벽주의자다. 뭐든 대충대충 하는 법이 없다. 그런 성격이기에 누가 시키지 않았는데 코스모스 정원을 그토록 훌륭하게 가꿨으리라. 문 씨라면 황룡강변을 믿고 맡겨도 된다고 생각했다. 당장 만나 장성군으로 와달라고 제안했다. 염치없게도 기간제 근무자로.

"고향 장성을 위해 자네의 코스모스 기르는 재능을 기부해주시게. 기름값 정도밖에는 못 줘서 미안하네만 마음껏 자네 실력을 발휘해 보소."

애향심에 호소한 나의 간절한 구원에 문 씨가 움직였다.

"인부 몇 명만 붙여줘요. 한번 해 보죠."
"고맙네. 유비가 와룡선생이라는 천군만마를 얻은 것처럼 든든하고 기쁘네. 황룡강에서 어디 한번 마음껏 놀면서 실력을 발휘해 보게나."

황룡강변의 넓이는 약 20만㎡(약 6만 평). 말이 6만 평이지 그 광활한 강변을 꽃밭으로 조성하는 일이 어디 보통 일인가. 문 씨 역시 처음 시작할 때만 해도 일이 이토록 커질 줄 몰랐을 것이다. '코스모스 특보'로 불리는 문 씨가 합류함으로써 '장성 황룡강 노란꽃잔치'의 전설이 시작됐다. 물론 그 친구 입장에서도 고충이 없을 리 없다.

"거 얼마나 번다고 유두석 밑에 가 있냐. 얼굴 새까매진 것 좀 봐라. 고생만 겁나게 하는 거 아녀?"
"한국농어촌공사 소장까지 한 사람이 제대로 대우도 못받고 기간제로 일하면 쓰겄냐."

문 씨는 아직도 이런 식의 농담 반 진담 반 면박을 주변에서 자주 듣는다고 한다. 다행히도 문 씨가 잘 견뎌주고 있다. 오로지 고향 발전에 일조한다는 생각뿐, 다른 것은 일절 고려하지 않았다고 그는 말한다. "내 손으로 고향의 모습을 아름답게 만들고 있다는 자부심 하나로 일한다"라는 그의 말에 가슴이 뭉클해질 때가 한두 번이 아니다. 장성군민이라면 문 씨가 황룡강변의 풍경을 일신했다는 걸 누구도 부인하지 못하리라. 퇴직 후 유유자적한 생활을 즐기던 사람에게 생고생을 시키는 나로선 미안하고 고마운 마음을 어찌다 말로 표현하겠는가. 다른 지자체나 기관에서 유사한 사업을 할 때 자문위원으로 위촉할 수 있도록 그의 능력을 홍보하는 것으로 보답하는 중이다.

2016년 10월 '장성 황룡강 노란꽃잔치' 추진상황 점검을 위해 우문현답 간부회의를 황룡강변에서 열었다.

백일홍과 황화코스모스를 비롯해 황룡강변을 가득 메운 형형색색의 꽃은 관람객들이 최고로 꼽는 '장성 황룡강 노란 꽃잔치'의 대표적인 볼거리였다. 문 씨는 축제가 시작하기 전부터 넓디넓은 황룡강변에 10억 송이가 넘는 꽃을 가꿔 한국에서 가장 길고 아름다운 꽃강Flower River을 기어이 만들어내고 말았다.

꽃만 관람해도 절로 마음이 힐링되는 느낌을 받을 수 있다는 점, 인공미를 최대한 배제한 자연친화 축제라는 점에서 '장성 황룡강 노란꽃잔치'는 검소하나 누추하지 않고 화려하나 사치스럽지 않은 '검이불루 화이불치儉而不陋 華而不侈'의 가치를 실현한 축제다. '검이불루 화이불치'는 내 삶을 관통하는 가치관 중 하나이기도 하다.

앞에서도 말했지만 2017년 축제를 위해 들인 꽃씨 가격은 1,700만 원가량에 불과하다. 사실 문 씨와 같은 꽃 전문가가 없었다면 광활한 황룡강변에 씨를 뿌려 꽃을 가꾼다는 건 엄두도 못 낼 일이었다.

문 씨가 황룡강의 꽃을 가꾸느라 얼마나 고생했는지 알

수 있는 일화를 소개한다. 축제를 앞두고 황룡강에 들르는 게 내 주요 일과였다. 그런데 며칠간 관외 출장을 갔다가 황룡강에 나갔더니 웬 깡마른 외국인이 흰 이를 드러내며 불쑥 고개를 드는 게 아닌가. 하마터면 소리를 지를 뻔했다. "아이고 깜짝이야."

그 외국인의 정체는 문 씨였다. 그는 자주 보는 나조차도 몰라볼 정도로 며칠 사이 새까맣게 그을려 있었다. 하루 종일 뙤약볕이 내리쬐는 강변에서 일한 때문이었다. 뿐만 아니라 땀을 심하게 흘려 몸도 홀쭉해져 있었다.

"잠깐, 소금 좀 먹읍시다. 안 죽으려고 소금 먹고 일하는 이 심정을 군수 형님께서 아시려나?"

축제에 맞춰 꽃강을 조성하기 위해 문 씨와 인부 세 명이 30도가 넘는 무더위 속에서 소금까지 먹어가며 땅을 다지고 그 고생을 한 것이다. 고맙고 미안한 마음에 큰절이라도 하고 싶은 심정이었다.

"자네들이 이렇게 고생하는 걸 보니 성공할 일만 남은 것 같네. 이루 말할 수 없이 고맙네."

2016년 10월에 열린 '장성 황룡강 노란꽃잔치'의 프로그램 중 하나인 자전거 투어에 참가해 촬영한 사진.

1부 '장성 황룡강 노란꽃잔치'가 쏘아올린 기적

세계적 명소를
'장성 황룡강 노란꽃잔치'에
결합하다

"만나는 모든 사람에게
무언가를 배울 수 있는 사람이 가장 현명하다."
—탈무드—

　　배움의 중요성을 말할 때 흔히들 '배움에는 나이가 없다'라는 문구를 인용한다. 맞는 말이다. 나중에 다시 언급하겠지만 배움에 나이라는 게 있다면 뒤늦은 나이에 내가 박사 과정까지 밟진 못했으리라. 배움 앞에 없는 게 또 있다. 지역과 지역, 나라와 나라 사이의 경계다. 우물 안 개구리는 우물 속 세상만을 배울 뿐이다. 다른 세상을 보지 못한 개구리는 평생 우물을 자기 세계의 전부라고 착각하며 살아갈 것이다.

　　'장성 황룡강 노란꽃잔치'는 강변에 노란 꽃을 심어 승부한다는 독자적인 콘셉트를 가진 축제지만 유명 관광지 벤치마킹(가치 있는 대상이나 사례를 정해 혁신 기법을 배우는 것)을 결합한 축제라는 점에서도 돋보인다. 실제로 우리 군은 '장성 황룡강 노란꽃잔치'를 위해 여러 나라의 혁신 축제나 정원을 참고했다.

'장성 황룡강 노란꽃잔치'의 전신인 '2015 장성 가을 노란 꽃잔치'가 끝난 뒤 나는 도시를 브랜드화한 나라의 사례를 직접 보고 배우기 위해 직원들과 함께 네덜란드, 독일, 체코를 비롯한 유럽 나라에 연수를 다녀왔다. '2016 장성 황룡강 노란꽃잔치'를 앞두고는 축제를 개최할 직원들을 일본 나가 사키현에서 열린 '가드닝 플라워쇼'에 보내 정원 디자인 대표 사례를 배워오게 했다. 이들 직원과 나는 중국에서 열린 '한중 상해 디자인 포럼'에도 참석해 우리 군의 독창적인 컬러마케팅인 옐로우시티의 브랜드 사례를 발표하기도 했다.

제2황룡교를 설계하는 데 큰 도움이 되었던 롱교(용다리)가 있는 베트남 다낭, 광활한 해바라기 정원이 매력적인 일본 홋카이도(북해도)의 팜도미나, 황룡으로 특화한 중국 구채구에도 직원들을 보내 도시 브랜드화와 수변공간 활용 사례를 배워오게 했다. 외국뿐 아니라 국내 명소도 벤치마킹했다. 내게 큰 감동을 안긴 제주도 '생각하는 정원'으로 직원들과 백양분재연구회 회원 15명을 보냈다.

이처럼 국내외 명소를 잇따라 벤치마킹한 건 우리 직원과 군민이 '장성 황룡강 노란꽃잔치'의 구상과 복안을 공유해야 축제 취지를 이해하고 더 나은 축제를 내놓을 수 있다는 판단 때문이다. 세계 어디에도 없는 독특한 콘셉트의 꽃축제인 '장성 황룡강 노란꽃잔치'가 트렌드까지 놓치지 않은 건 다른 축제의 장점을 연구하는 데도 게으르지 않은 덕분이라고 생각한다.

'장성 황룡강 노란꽃잔치'는 주민과 관이 힘을 합쳐 성공시킨 거버넌스 축제였다.
2016년 축제 때 촬영한 사진 속 해바라기 정원도 주민들이 직접 조성했다.

가까이 갈수록 그 아름다움이
더 빛나는 백일홍

"집은 책으로,
정원은 꽃으로 가득 채워라."
-앤드류 랑그-

이름에서도 알 수 있는 것처럼 '장성 황룡강 노란꽃잔치'의 핵심 콘텐츠는 노란 꽃이다. '황룡강변을 노란 꽃으로 물들여 그 어느 곳에서도 볼 수 없는 풍경을 조성하자. 그래서 관광객들의 눈을 황홀하게 만들자'라는 게 내 구상이었다. 우리 군의 역점 사업인 '옐로우시티 프로젝트'와도 딱 들어맞는 착상이었다.

그런데 고민이 있었다. '황화코스모스를 비롯한 노란 꽃만 심어서는 관광객들이 혹시나 지루해하지는 않을까?' 개화 시기도 고려해야 했다. '날씨가 갑자기 추워지기라도 하면 심어놓은 꽃이 예상보다 이르게 시들지는 않을까?' 아름다운 자태로 관람객들의 눈을 자극하는 동시에 오랫동안 개화하는 생명력 강한 꽃을 찾는 게 과제였다. 개화시기를 맞추려고 노심초사하는 직원들의 고민도 해결해 줘야 했다.

고민 끝에 한 꽃의 이름이 떠오르자 난 무릎을 탁 쳤다. 백일홍! 백일홍은 6~10월 개화해 석 달 열흘간 피는 꽃이다. 미국이나 유럽에서는 절화용으로도 이용할 정도로 그 자태가 아름다운 데다 척박한 토양에서도 잘 자라는 백일홍을 심기로 했다.

내가 선택해서가 아니라 백 번 천 번 백일홍을 심길 잘했다는 생각이 든다. 황화코스모스 군락은 멀리에서 봐도 노란 꽃의 물결이 두 눈을 황홀하게 만들기에 충분하다. 백일홍은 먼 곳보단 가까이에서 봐야 꽃 하나하나의 아름다움이 형형색색으로 빛난다. 요즘말로 '볼매'('볼수록 매력이 있다'는 뜻의 신조어)인 꽃이라고 할 수 있다. 그러고 보면 '장성 황룡강 노란꽃잔치'는 멀리서는 황금빛 황화코스모스가 유혹하고, 가까이에선 알록달록 백일홍의 자태가 시선을 끄는 축제인 셈이다.

백일홍은 원래 잡초였으나 화훼가들이 개량에 개량을 거듭해 지금처럼 아름다운 꽃으로 바뀌었다. 잡초만 무성한 채로 방치됐다가 '장성 황룡강 노란꽃잔치'가 전국적인 축제로 발돋움하면서 장성의 보물로 재탄생한 황룡강의 스토리와 안성맞춤인 꽃이 아닐 수 없다.

공설운동장 예정 부지에 조성한 백일홍 정원. 2017년 10월에 촬영한 사진.

'장성 황룡강 노란꽃잔치'가
성공할 수밖에 없었던 이유

"세상이 변했으니 나도 생각을 바꾼다
(When the facts change, I change my mind)."
— 존 메이너드 케인스 —

어렵사리 개최한 '장성 황룡강 노란꽃잔치'는 장성 경제를 활성화하는 데도 큰 도움이 됐다. 2017년에 우리 군은 처음으로 쿠폰제를 도입했다. 1만 원짜리 쿠폰을 구매하면 관내 음식점에서 음식을 먹거나 전동차, 소원유등, 수상자전거, 경비행기 등을 체험할 때 활용할 수 있는 할인권과 시식권, 경품 응모권을 주는 방법으로 쿠폰 판매를 독려했다. 쿠폰은 모두 1만 장 발행했는데, 일주일 만에 대부분 팔려 급하게 5,000장을 추가 발행해야 했다. 전문가들에 따르면 일반적으로 현금 사용액은 쿠폰 사용액의 다섯 배 이상에 이른다고 한다. 1만 원짜리 쿠폰을 구입해 사용하면 쿠폰과 함께 5만 원 이상의 현금을 지출한다는 얘기다. 이를 감안하면 적잖은 돈이 관내에 풀렸다는 것을 짐작할 수 있다.

덕분에 최고 매출을 기록했다는 음식점이 속출했다. 먹거리는 축제의 하이라이트 중 하나다. 2016년 축제보다 먹거리를 보강한 만큼 방문객 만족도도 커졌다. 먹음직스러운 음식과 질 좋은 특산품이 푸드트럭과 주막, 식당의 매대 위에서 위용을 뽐냈다.

체험 프로그램도 대폭 확대했다. 어린이부터 어르신까지 온 가족이 즐길 수 있도록 동물 체험, 수상자전거, 옐로우 전동차 등 다채로운 체험 프로그램을 마련했다. '장성판 슈퍼스타K'로 불린 서바이벌 오디션 프로그램 '슈퍼스타Y'도 2017년 축제 때 처음으로 열었다. 큰 인기를 끈 방송 프로그램을 벤치마킹한 덕분인지 언론으로부터 남다른 관심을 끌었다. 관람객의 동선을 고려해 황룡강변 곳곳에 관람객들의 흥미를 유발할 수 있게끔 스토리를 입힌 목교, 징검다리 등의 시설물을 설치해 축제 관람이 지루하지 않도록 세심하게 연출한 것도 축제 성공 요인이었다.

관람객들이 축제 현장을 골고루 둘러보도록 하기 위해 '스탬프투어' 이벤트도 열었다. 휴대폰에 앱을 설치한 뒤 지정된 정원을 둘러보고 인증 사진을 찍어 올리면 증정품을 받을 수 있도록 한 이 이벤트 역시 폭발적인 인기를 모았다. 이벤트 참가자들을 대상으로 지역 분포를 조사했더니 87% 가 외지인이었다. '동네잔치'라며 축제를 폄하한 사람들의 입을 다물게 할 만한 놀라운 결과였다.

'장성 황룡강 노란꽃잔치'는 야간조명 덕분에 밤에 즐길 수 있는 축제로서도 손색이 없었다. 밤 풍경이 아름답다는 입소문이 퍼지면서 상당수 관람객이 밤까지 축제장을 떠나지 못하거나 밤에 다시 찾아 황룡강변의 꽃을 감상할 정도였다. 황룡강변을 수놓은 화려한 조명 중 '루미나리에'는 축제의 성공을 확신한 한 조명업체가 자사의 조명 시설을 홍보하기 위해 무상으로 황룡강변에 설치했다. 누이 좋고 매부 좋고, 도랑 치고 가재 잡는 사례가 바로 이런 거 아닐까? 홍보 장소로 황룡강을 선택한 업체가 고맙다. 일면식도 없는 업체가 수도권도 아닌 장성군을 홍보 대상지로 선택한 까닭은 '장성 황룡강 노란꽃잔치'에서 큰 가능성을 봤기 때문이리라. 이렇게 모르는 사람들까지 우리 군을 도와주고 있으니 장성은 복 받은 지역임에 분명하다.

황량한 황룡강이 아름다운 꽃강으로 변모하는 과정에서 터무니없는 말을 만들어내는 사람들도 있었다. 하지만 막상 축제일이 다가오자 그런 사람들마저 황룡강변을 가득 메운 꽃을 사진으로 찍어 SNS에 올리며 축제 홍보대사를 자청했다. 그러고 보면 '장성 황룡강 노란꽃잔치'는 군민을 하나로 화합하는 역사적 축제였던 셈이다.

화합의 도시로 유명한 지역이 있다. 바로 독일 베를린이다. 베를린의 도시 슬로건은 'Be Berlin'이다. '나는 베를린 시민이다'라는 뜻이다. 이 슬로건은 통일 후에도 동독과 서독 사람들이 편을 갈라 갈등을 겪던 시기에 만들어졌다. 베를린이라는 거주지 그 자체를 강조하는 슬로건은 동독과 서독의 시민을 하나로 화합하는 데 기여했다. 베를린의 슬로건 'Be Berlin'이 하나 된 베를린을 만들었듯이 장성군의 색채도시 슬로건 옐로우시티가 군민을 하나로 화합하는 역할을 하고 있다면 지나친 비약일까?

'2017 장성 황룡강 노란꽃잔치'에서 주행사장인 황룡정원을 찾은 관광객들.

아름다운 귀향, 그 뒷이야기

1부 '장성 황룡강 노란꽃잔치'가 쏘아올린 기적

김황식 전 국무총리님도 감탄…
국가정원 지정을 추진하다

"결단을 내렸으면 즉각 실천하라!
김은 새어나가기 마련이다."
―손자―

'장성 황룡강 노란꽃잔치'가 대성공을 거두자 여기저기에서 칭찬이 쏟아졌다. 특히 황룡강의 가치를 재발견한 데 대한 찬사가 많았다. 하지만 난 만족하지 않는다. 더 큰 꿈을 꾸고 있기 때문이다. 바로 황룡강을 국가정원으로 지정받는 것이다. 국가정원으로 지정되면 황룡강은 '장성의 보물'을 넘어 '대한민국의 국보급 하천'으로 격상한다. 국가정원은 국가가 조성·운영하는 정원을 말한다. 국가정원으로 지정되면 최대 40억 원의 관리비를 지원받을 수 있을 뿐만 아니라 생태도시로서의 이미지를 한층 높일 수 있다. 물론 일자리 창출과 지역경제 활성화 효과도 기대할 수 있다.

실제로 축제 현장의 스케일로 볼 때 지역축제로 두기엔 아쉽다는 의견이 많았다.

"유 군수, 이거 엄청난 축제구먼. 그냥 지역축제로 남길 일이 아니야."

"순천만정원 못지않은 것 같은데 국가정원으로 지정받아도 충분하지."

"우리나라 대표 정원으로 세계에 알리는 게 어떤가. 이런 정원은 어디에서도 본 적이 없어. 인공적인 정원과는 차원이 달라."

우리 군은 2018년 황룡강 국가정원 지정을 위한 기본계획 수립 용역을 추진한다. 황룡강이 국가정원으로 지정받으면 장성군은 전국 최고의 관광도시로 도약할 수 있는 계기를 마련할 수 있다.

장성 출신인 김황식 전 국무총리님도 '장성 황룡강 노란꽃잔치'의 전국화와 세계화를 주창하는 분이다. 독일에서 온 외교관계 지인들과 함께 2017년 축제 현장을 방문한 김 전 총리님은 황룡강에서 사계절 내내 꽃을 감상할 수 있는 방법을 찾아달라고 조언하셨다. 김 전 총리님은 "1년 내내 관광객들의 발길이 끊이지 않게 할 수 있는 방법을 찾으면 장성에서 대단할 일이 벌어질 것이다"라면서 '장성 황룡강 노란꽃잔치'를 칭찬했다.

나는 지금 우리 국민뿐 아니라 전 세계인들이 찾아와 즐길 수 있는 관광명소로 황룡강을 조성하는 꿈에 부풀어 있다. '장성 황룡강 노란꽃잔치'가 대성공한 데서 알 수 있듯이 결코 실현 불가능한 꿈이 아니다.

'2017 장성 황룡강 노란꽃잔치' 현장을 방문한 김황식 전 국무총리님과 함께 촬영한 사진.

아름다운 귀향, 그 뒷이야기

주민이 직접 만들고 즐긴 '거버넌스형 축제'의 모델

"처음에는 이게 될까 하는 마음이었지. 마을 어귀며 집집마다 꽃을 가꾸려면 주민 전체가 협조해야 하는 일인데 다들 잘할까 싶어 반신반의했거든. 그런데 꽃이 늘어나고 조금씩 동네가 예쁘게 변하다 보니 다들 좋아하더란 말이야. 어느 순간부터는 서로 한 마음이 돼서 너 나 할 것 없이 나와서들 꽃을 심었던 거지. 힘이야 들었지만 그래도 싫지가 않았어. 내 고장을 위해 보람 있는 일을 하니까 신기하고 재미있는 추억이었지."

황미르랜드에 해바라기를 심고 '한 평 정원 꾸미기' 프로그램에도 참여한 동화면 주민 이명숙 님의 말이다. '장성 황룡강 노란꽃잔치'의 가장 큰 성공 요인으로 나는 '거버넌스'를 꼽는다. 거버넌스는 주민이 직접 참여 방식으로 행정기관과 협력하는 체계를 뜻한다.

'장성 황룡강 노란꽃잔치'는 주민이 직접 만들고 즐긴 '거버넌스형 축제'라는 점에서 돋보인다. 2016년에 이어 2017년에도 지역 주민과 사회단체 회원들이 자발적으로 황룡강변 꽃 가꾸기에 나섰다. 우리 군은 자원봉사단체를 모집해 '주민이 함께하는 축제'라는 기본 콘셉트에 맞게 황미르랜드를 거버넌스 정원으로 조성했다. 2017년 축제 때는 참여단체의 활동 사항을 봉사 실적으로 인정할 수 있도록 자원봉사포털이나 사회봉사포털을 통해서도 자원봉사자를 모집해 큰 호응을 얻었다.

'실버재능잔치'(160명), '문불여장성 백일장'(300명), '우리 동네 연예인'(20명), '마을 정원 만들기'(61명) 등 2017년 축제의 프로그램에 참여한 주민의 수만도 총 3,890명에 이른다. 장성 인구가 4만 7,000여 명이라는 점을 감안하면 대단한 인원이 아닐 수 없다.

'2017 장성 황룡강 노란꽃잔치'를 앞두고 주민들과 함께 자투리땅에 꽃밭을 조성했다.

1부 '장성 황룡강 노란꽃잔치'가 쏘아올린 기적

'거버넌스 도시'로
일약 급부상한 장성군

"조직을 승리로 이끄는 요소의 25%는 실력이지만
75%는 팀워크에 달렸다."
—풋볼 감독 딕 버메일—

거버넌스라는 말이 나온 김에 장성군의 거버넌스 체계가 얼마나 탄탄한지 자랑을 좀 하고 싶다. 우리 군은 지난해 828가구 15세 이상 가구원을 대상으로 '2017년 장성군 사회조사'를 실시했다. 사회조사는 일정한 사회나 집단의 관심사와 의식을 직접 조사 방식으로 파악하는 조사를 뜻한다. 이 조사에서 응답자 75.1%가 지역축제에 참여한 적이 있다고 했다. 전년인 2016년(59.2%)보다 무려 15.9%포인트나 오른 수치였다. 나는 이처럼 지역축제 참여율이 높아진 건 장성군이 대한민국 지방자치단체 최초의 컬러마케팅인 '옐로우시티 프로젝트'를 벌이며 추진한 거버넌스 행정이 자리를 잡아가기 때문으로 보고 있다.

실제로 우리 군은 '옐로우 감성디자인단', '꽃동산 조성 거버넌스 참여단', '옐로우시티 네이밍 선정단' 등의 민간영역 거버넌스 조직과 유기적으로 협력해 '옐로우시티 프로젝트'를 진행하고 있다. 사회단체나 유관기관, 기업체, 주민이 자발적으로 동참하지 않으면 우리 군 역점 시책인 '옐로우시티 프로젝트'가 성공하기 어렵다고 보기 때문이다.

조사에서 가장 눈길을 끈 결과는 거버넌스 행정이 빛을 발하면서 지역민의 소속감과 자부심이 높아졌다는 것이다. 지역민으로서 소속감 및 자부심을 갖고 있다는 응답이 전년도(49.4%)보다 7.1%포인트 상승한 56.5%로 나타났다.

군정 만족도도 매우 높은 것으로 조사됐다. 94.1%에 이르는 응답자가 군정에 '보통' 이상의 만족도를 보였다. 복지(51.5%), 상하수도(47.8%)에 대한 만족도가 높았고, 공공 의료 서비스에 대한 만족도도 81.8%라는 높은 수치를 기록했다.

사회조사에서 이처럼 고무적인 결과를 얻은 걸 모두 거버넌스 행정 덕분이라고 생각한다. 앞으론 지방자치를 넘어 지방분권의 시대가 열린다. 적극적인 주민 참여 없이는 지

방분권 시대를 제대로 맞을 수 없다. '장성 황룡강 노란꽃잔
치'가 계기가 돼 옐로우시티를 중심으로 사회 전반에 거버넌
스 문화가 확산되길 바란다. 지역에 대한 소속감이 남다른
군민들이 군정에 적극 참여하는 자치문화를 조성한 장성군
은 지방분권 시대가 본격화할 때 가장 찬란한 빛을 발하리
라고 확신한다.

2017년 6월 주민들이 반구다리 법면 공유지에 꽃밭을 조성하고 있다.

아름다운 귀향, 그 뒷이야기

"황룡강의 가치를 재발견해줘 감사합니다" 군민에게 받은 감동 편지

"남을 따르는 법을 알지 못하는 사람은
좋은 지도자가 될 수 없다."
—아리스토텔레스—

2017년 1월 장성문화예술회관 대강당에서 열린 '황룡강에 생명을 불어넣는 대토론회'.

1부 '장성 황룡강 노란꽃잔치'가 쏘아올린 기적

"황룡강이라는 아름다운 강을 지척에 두고 살면서도 그 강을 이용하지 못했습니다. 아무짝에도 쓸모없는 무관심의 대상으로 내버려두고 살아왔습니다. 그런데 옛날에 누런 용이 살았다는 전설을 스토리텔링화해 잡초만 무성하던 곳에 꽃을 심고 가꾸기 시작하자 놀라운 변화가 생겨났습니다. 보잘것없는 잡풀로 우거졌던 둔치가 황미르랜드라는 정원으로 재탄생하고 '장성 황룡강 노란꽃잔치'를 성공적으로 마칠 수 있었습니다. 노란 꽃이 만개한 강가를 거니는 군민들과 관광객들의 모습을 볼 때마다 장성군민의 한 사람으로서 큰 자부심과 긍지를 갖게 됐습니다. 감사드립니다."

아름다운 귀향, 그 뒷이야기

몰라보게 변모한 황룡강의 모습을 보고 감동한 한 군민이 내게 준 편지다. 방치된 황룡강에서 새로운 가치를 발굴한 혜안을 높게 평가한 것이리라.

일요일 오전이면 나는 종종 KBS 1TV의 'TV쇼 진품명품'을 시청한다. 일반인이 자기가 소장한 골동품을 들고 나와 전문가들에게 진위 여부와 가치를 감정 받는 프로그램이다. 이 프로그램의 관계자들이 보성군에 출장 감정을 나간 적이 있다. 한 어르신이 오래된 그릇 하나를 들고 나왔다. 우동그릇처럼 생겼는데 꾀죄죄하고 볼품없어 보였다. 난 기껏해야 몇 만 원짜리에 불과할 거라고 생각했다. 그런데 웬걸. 감정가가 무려 200만 원이나 책정됐다. 보관 상태만 좋았다면 500만 원도 받을 거라는 전문 감정가의 말에 두 번 놀랐다. 감정을 의뢰한 어르신도 놀라긴 마찬가지였다. 알고 보니 그 그릇은 조선 중기 때 만들어진 백자였다. '그릇의 가치를 알았더라면 좀 더 소중히 보관했을 텐데.' 안타까운 마음이 들었다. 그리고 장성의 보물 황룡강을 떠올렸다. '황룡강의 가치를 재발견하지 못하고 방치했다면 어떻게 됐을까.' 가슴을 쓸어내려야 했다.

'장성 황룡강 노란꽃잔치'가 히트하자 지인들에게 많은 연락을 받았다.

"아는 사람이 장성에서 '장성 황룡강 노란꽃잔치'를 보고 와선 침이 마르도록 칭찬하더라고. 볼거리가 엄청나다고 하드만. 자네라면 이렇게 멋진 축제를 만들 만한 역량이 충분하지."
"이웃 분의 고향이 장성인데 고향이 너무 아름답게 변해서 다시 가서 살고 싶다고 하더라고요."

장성이 살기 좋아졌다는 소문이 퍼지고 있다. '새로 정착하고 싶은 고장'이자 '다시 찾아가 살고 싶은 고장'으로 장성이 떠오른 것이다. 군수로서 감사하고 뿌듯한 일이다.

아름다운 귀향, 그 뒷이야기

"장성을 배우고 싶습니다"
다른 지역 벤치마킹 대상이 되다

"지상에는 원래 길이 없다.
걷는 사람들이 많아지면 그것이 길이 된다."
—루쉰—

2017년 9월 '장성 황룡강 노란꽃잔치'를 앞두고 한창 바쁠 무렵 울산 KBS에서 전화가 왔다.

"울산 태화강을 소재로 다큐멘터리를 제작하고 있습니다. 혹시 아시는지 모르겠지만 태화강이 확 바뀌었습니다. 옛날엔 공단 폐수 때문에 죽은 강이나 다름없었는데 온갖 노력 끝에 아름다운 생태하천으로 탈바꿈했습니다. 현재 울산시가 태화강을 관광자원으로 만들려고 대대적으로 홍보하고 있습니다." "아 네, 그런데요?" "황룡강에 스토리를 입힌 장성군을 우리도 벤치마킹하고 싶습니다. 전국의 하천을 다

뒤져봐도 생태하천 가꾸기 사업을 벌이며 전설을 활용한 곳은 장성밖에 없더라고요. 장성에 가서 좀 보고 배워볼까 해서 취재 협조차 전화 드렸습니다."

"그러셨구나. 감사합니다. 협조해드려야죠. 장성군민들의 열정을 있는 그대로 보여드리겠습니다. 일단 스케줄부터 확인하고 연락하겠습니다."

현재 장성은 다른 지자체들의 견학지로 인기가 높다. '21세기 장성아카데미'부터 '황룡강 르네상스 프로젝트', '옐로우시티 프로젝트'까지 지자체 모범 사례가 넘치기 때문이다. '장성 황룡강 노란꽃잔치'가 대성공을 거두면서 생태하천 복원 사업과 스토리텔링에 대한 모범 사례까지 추가됐다. 황룡강의 전설은 이렇게 다른 지역에서도 부러워하는 멋진 관광자원으로 거듭났다.

"지자체 첫 컬러마케팅…'옐로우시티' 장성 발전 기틀 다져 뿌듯"

유두석 장성 군수에 듣는 올해 군정 성과

장성군은 올해 여러가지 굵직한 성과를 거뒀다. 장성 황룡강 노란꽃잔치의 대성공, 국립심혈관센터 유치, 여성 친화도시 지정 등 굵직한 현안사업들이 차곡차곡 결실을 맺어댔다.

공공실버주택을 짓고 농기계임대사업소를 운영하는 등 살기좋은 장성 발전의 기틀을 만드는데 직접적으로 나선 한 해이기도 하다.

유두석 장성군수는 "쉴 없이 달려왔다. 지난 1년이 뿌듯하다"고 말했다. 한 언론 장성군의 주요 성과에 대해 들어봤다.

- 황룡강에서 개최한 축제 '노란꽃잔치'는 '대박'이 났다.

▲10월 13일부터 29일까지 총 98만 7340명이 방문한 것으로 집계됐다. 추석연휴 때도 20만명이 넘는 관광객이 찾아왔으니 10월 한 달간 약 120만명이 다녀간 셈이다.

- 그렇게 많은 관광객들이 찾아오는 이유가 있지 않을까?

▲전국에서 가장 많은 돈을 볼 수 있는 축제라는 입소문 때문이라고 생각한다. 황룡강변 20만㎡(6만평) 규모의 꽃정원에서 조성했다. 한국에서 가장 큰 '꽃강'을 만들었다.

장성의 보물인 황룡강이 누린 옛 삶의 살벼처럼 지역을 수호하다는 전설이 있다. 황룡강의 숨은 전설을 꺼내 스토리텔링을 만들어 관람객들의 호기심을 자극한 점도 흥행 요인이 되어다.

- 원래 황룡강은 불모강이었는가 아니었나.

▲황룡강과 잡초만 우거졌던 황룡강에 새로운 생명을 불어넣는 게 쉽지 않았다. 이제 와서야 하는 말이지만 '그 넓은 운통강에서 어떻게 꽃 축제를 여느냐'며 반대한 사람이 대다수였다.

세계적으로 유명해진 제주도 올레길을 개발한 신사장 씨의 편집자이 느껴진 고눈를 실감했다. 그 역시 두 번 만에 물리길을 올리길을 하지었던, '거버넌스'의 어려움 일을 찍고 황룡강에 누빈 삼었었데 다행히 축제가 성공해 내 생각이 옳았다. 어떤 작가나 축제 전문가들 사이에서 '축제의 새 페레다임을 제시했다'는 평가가 나왔다.

- 경제적 효과는?

▲전국에서 경제적 부가 혈류 효과를 조사한 결과, 최소 265억5569억5160억의 직접경제효과를 비롯해 다양한 파급 효과를 거둔 것으로 조사됐다. 올해 축제에는 처음으로 유료체를 도입했다. 1인당 3,000원 어치를 팔았다. 실제 매출의 2푼 판매액의 약 5배 가량이나, 지역 음식점도 특수를 맞은 셈이다. 축제 때 음식값 사장님들을 울려 휘돼댔다.

- '옐로우시티 프로젝트'라는 독특한 컬러마케팅을 벌이는 도시로 잘 알려져 있다.

▲누런 옷의 전설을 갖고 있는 장성은 노란색과 떼려야 뗄 수 없는 숙명적인 관계다. 장성은 누런 옷과 노란색을 접목해 국내 지방자치단체 최초의 컬러마케팅인 '옐로우시티 프로젝트'를 착수했다. 이 프로젝트의 핵심이 바로 황룡강을 전국 최고의 명품 생태하천으로 조성하는 '황룡 르네상스 프로젝트'이고 그 일환이 바로 '황룡강 르네상스 프로젝트'가 남개를 담았다.

- 대형 숙원사업인 국립심혈관센터도 유치했다.

▲현재 국립심혈관센터 장성 설립은 '광주전남 상생과제'로 문재인정부가 100대 국정과제에 신청했다. 국립심혈관센터 유치는 민선 6기 행정의 최대 성과이자 장성의 미래를 바꿀 장성 역대 최대 규모의 국책사업이다.

다. 장성에는 광주과학기술원이나 전남대 의대를 비롯한 교육기관이 있어서 인적 풀을 쉽게 활용할 수 있다. 또 공항, KTX, 고속도로 등 교통 여건도 완비돼다. 또 인근에 나노단지와 광주R&D특구를 비롯한 인프라가 충분하게 구축돼 있다. '치유의 숲' '힐링 숲'으로 불리는 축령산에 재활과 치유 기능을 담당하는 분원도 설치할 수 있다.

- 장성군엔 장수마을도 여럿 많이 있다.

▲자치배 기준으로 100세 이상 어르신 비율이 전국에서 세 번째로 높을 정도로 어르신들이 많이 산다. 공립노인전문요양병원, 전남 서북부 광역생활권 치매안심 거점센터를 비롯해 실버복지 시설을 완비하고 있는데다 '효도 관사업'과 '토란 낮추기 사업'을 비롯한 독보적인 실버복지 정책을 펼치고 있기 때문에 '실버복지 1번지'로도 불리고 있다.

- 광주·전남에서 유일하게 공공실버주택 대상 사업지로 선정된 바 있다.

▲그렇다. 내년 8월 준공을 목표로 전국에서 가장 먼저 공사에 들어갔다. 독거세대와 부부세대가 모두 거주할 수 있는 25평(60세대)과 35평(60세대) 두 가지 형태로 짓고 있다.

건강한 안전에서 거둔이 붙벗어진 분들에 일반적이 주대에서 지내기에 많은 애로가 많다. 그런 어르신들을 위해 정부가 추진하는 사업이 공공실버주택이다. 어르신들이 공동체를 이뤄 함께 생활하는 건강관리, 의료, 취미생활 등 한곳에서 할 수 있는 최첨단·친환경 실버복지 아파트다. 간호사실에서 취미실, 평집방, 식당, 건강관리실까지 어르신을 위한 모든 복지 및 의료 시설을 갖추고 있다.

- 도·농복합도시로서 농업에 대한 고민이 많다. 올해 농업 부문에서 주목할 만한 성과를 듬는다면.

▲고령화가 급속하게 진행되면서 농촌 일손이 부족한 경우가 허다해지고 있다. 우리 군이 여러 상황을 타계하고 바쁜 농가계를 선도 구하기 위한 농민들을 돕기 위해 농업기술센터 내 증부로 분소사무소로 서부권 분소에 여어 삼월 복부권 분소를 조성했다. 장성군 전체 3대 권역에서 농업인 누가 나나 기계를 쉽게 빌려 쓸 수 있는 환경을 조성했다고 자부한다.

- 타에게 농업정책을 물러싼 숱한 상을 받았다고 하던데.

▲'2017 농촌진흥사업 종합평가'에서 대상의 영예를 안았다. 우리 군은 농촌진흥사업 추진 다양한에서 높은 점수를 획득했는데 특히 쌀 산업 위기를 타개하기 위한 천차적인 노력과 함께 현장에서 직접 선진 농업을 경험할 수 있는 교육과정을 마련한 점에 대해서 높은 평가를 받았다.

- 장성 하면 축령산을 빼놓을 수 없다. 지난해 축령산은 정부로부터 '편백힐링특구'로 지정되기도 했다.

▲'편백힐링특구' 지정은 장성의 편백나무의 우수성을 정부가 인정한 것이다라는 점에서 의의가 있다. 축령산을 중심으로 사방 반경 5만평의 일대 약 325ha를 개발하는 사업이며, 올해부터 2021년까지 5년 동안 국비 70여 원을 포함 총 중사업비 150억 원을 투입하는 사업이다. 지난 7월 축령산 일대를 포함하는 '노란편백 휴양·치유밸트 사업'이 국립심혈관센터 장성 설립과 함께 문재인정부 100대 국정과제로 선정되기도 했다.

산림훼쾌는 '노란산편백 휴양·치유밸트' 사업 계획에 따라 내년부터 2022년까지 5년간 99억원을 투입한다. 유치원·공간을 확충·개선한다. 우리 군과 산림청 사업이 모두 마무리되면 축령산은 전국에서 주목하는 복합 힐링공간으로 재탄생할 것이다.   /장성=김용호기자 yongho@

황룡강 노란꽃잔치 120만명 방문 대박
공공실버주택·농기계임대사업 등 호응
편백힐링특구 지정 휴양·치유밸트 개발
국립심혈관센터 유치 장성 미래 바꿀 것

현재 국내에는 전국 11곳에 대학병원 부설 형태로 심뇌혈관센터가 있는데, 국립심혈관센터는 컨트롤타워 역할을 하게 된다. 전국·남면 11노산업단지 인근에 있는 '1만 평가 부지에 예상 사업비로 약 3500억원을 투입해 연구, 학술, 치료, 재활를 총망라는 종합 의료기곤을 짓게 된다.

- 국립심혈관센터 설립의 어떤 의미를 갖는가.

▲심혈관 질환은 전 세계 사망원인 1위다. 한국에서 심뇌혈관센터가 있으면 2위이지만 상당수 전문가는 초고령화의 식습관 서구화 등으로 보았을 때 장기적으로는 심뇌혈관 질환이 한국인의 사망원인 1위로 바뀔 가능성이 높다고 예측한다. 하지만 심혈관질환을 국가적으로 관리하는 연구 및 지표센터는 없는 실정이다. 국립센터를 통해서 국민들의 각종 임을 종합적으로 연구 및 관리하는 것도 대비한다. 국립심혈관센터가 설립되면 뇌심혈관질환으로 인한 한국인의 사망률을 낮추고 건강자산을 높게 가져갈 것이다. 그래서 10년 전만 민선 4기 때부터 저뿐만 전남대 대대 교수와 함께 국립심혈관센터 설립을 추진해왔다.

- 국립심혈관센터가 왜 호남, 그 중에서도 장성에 짓는 것인가.

▲현재 충청 호남과 대구경북에는 한민의료복합단지가 있지만 호남에는 의료 클러스터가 없는 실정이다. 그래서 지역 균형발전 차원에서도 호남에 국립심혈관센터를 설립해 전국에 '의료 심관밸트'를 형성해야 한다고 강하게 요구하고 있다.

장성군 CCTV 관제센터 내부.

장성이 더 안전해졌다

이상음원 자동 탐지 지능형 CCTV 시스템 16곳 설치

범죄·재난 등 신속 대응

장성이 더 안전해졌다. 이상한 음원을 자동으로 탐지하는 지능형 CCTV 시스템을 도입해서다.

장성군은 기존 CCTV에 이상음원 장비를 설치, 범죄에 신속하게 대응하는 능력을 획기적으로 향상하는 시스템을 도입했다고 26일 밝혔다.

시스템은 CCTV 영상을 분석해 침입, 화재, 폭력 등을 자동으로 탐지해 관제센터로 즉시 통보, 폭발음 등 범죄나 재난이 발생하는 음원에도 경보가 울리도록 설계됐다.

범죄 현장에서 발생한 소리나 화재로 인해 폭발음 등을 탐지, 자동으로 위급 상황이 관제센터로 전달되도록 하는 시스템이 가능해진 것이다.

또 영상 및 음원 데이터를 복합적으로 사전·사고 대응에서 쓰임, 보다 촘촘한 탐지가 가능하도록하게 한 알고리즘을 갖췄다.

장성군은 381개소에 설치된 616대의 범죄·어린이 안전·재난 감시 등 CCTV 중 범죄 취약지, 주택 밀집 지역, 폭발·공원 등 중심으로 16개소에 우선적으로 이상음원 탐지 장치를 도입했다.

장성군은 6개월 가량 지난 뒤 범죄 예방 및 사건 처리 자료를 분석해 설치 장소를 재선정할 계획이다.

장성군 관계자는 "군민의 안전을 지키는 데 도움이 되는 만큼 범죄 예방 효

장성군이 최근 CCTV에 설치한 이상음원 탐지 장치. CCTV 영상을 분석해 화재, 폭발, 재난 시고에서 발생하는 음원을 탐지해 경보를 울리도록 설치했다.   (장성군 제공)

과를 확인하면 다른 지역에도 확대 도입할 예정"이라고 말했다.   /장성=김용호기자 yongho@

2부

인간
유두석을
말하다

여덟 시간씩 신문 배달하며
황룡강변 누비던 억척 꼬마

"행복은 입맞춤과 같다.
행복을 얻기 위해서는
누군가에게 행복을 주어야만 한다."
–디어도어 루빈–

난 한국전쟁이 발발한 해인 1950년 2월 27일 황룡면 황룡리 원황룡의 한 오두막 토담집에서 태어났다. 아버지는 유산 하나 없이 어머니와 유복자를 포함한 9남매를 남겨둔 채 마흔아홉 살에 돌아가셨다. 안 그래도 찢어지게 가난한 집에서 하루아침에 가장이 사라졌으니 집안 사정이야 말해 뭐할까. 어머니는 막내를 낳자마자 자식들을 건사하기 위해 술빵을 만들어 팔러 다니셨다.

'나는 왜 이렇게 가난하게 태어났을까.'

'아빠는 왜 빨리 돌아가시고 엄마는 왜 이렇게 불쌍한 것일까.'

어린 시절 난 늘 이런 생각에 사로잡혔다. 그러나 다리도 누울 자리를 봐가며 뻗는 법이다. 답이 없던 시절이었다. 가난 때문에 월평초등학교를 졸업하고도 2년간 중학교에 진학하지 못했다. 중학교 진학을 포기하고 어머니를 도와 가족들의 끼니를 해결해야 하는 내 처지가 처량했다. 난 어린 마음에도 학교에 들어가야 가난을 면할 수 있다고 생각했다. '어떻게든 중학교에 가자'라고 이를 악물었다. 그리고 '내 학비는 내가 번다'라는 생각으로 신문 배달에 나섰다. 그렇게 초등학교를 졸업하자마자 신문 배달부가 됐다. 내 나이 열세 살 때였다.

학비를 벌어야 한다는 생각에 온통 사로잡힌 내게 신문 배달은 '생명줄'이나 다름없었다. 쉴 틈 없이 신문을 배달해야 했다. 더 많이 배달해야 더 많은 돈을 벌 수 있기에 칠흑처럼 어두운 새벽 3시에 일어나 장성역에 나가 신문을 받았다. 그리고 이렇게 받은 신문을 아침도 못 먹은 채로 오전 11시까지 돌린 뒤 기진맥진한 몸으로, 아니 거의 탈진한 몸으로 땅바닥에 주저앉아 운 적도 많았다. 허기와 서러움이 한꺼번에 밀려왔기 때문이다.

　돈이 조금 모이자 중고 자전거를 큰맘 먹고 샀다. '자전거를 타고 신문을 배달하면 좀 더 많은 부수를 돌릴 수 있을 거야. 그러면 더 많은 돈을 벌 수 있겠지.' 지금 와서 생각하면 어린애가 미래를 위해 통 큰 투자를 한 셈이다. 자전거가 생기자 세상을 다 가진 기분이었다. 더 많이 벌고 뜀박질을 덜해 배도 덜 고플 거라는 기대에 매일같이 기름칠하고 닦아주며 신주단지 모시듯 자전거를 애지중지 관리했다. '이제 조금만 더 일하면 중학교에 갈 수 있다.' 오로지 이 생각뿐이었다.

　그러던 어느 날 죽을 고비를 넘긴 적이 있다. 동화면 가정리에서 황룡면 원황룡으로 가는 길에 있는 깔끄막(비탈길)을 내려가다 자전거 브레이크 줄이 끊어져버린 것이다. 가속도가 붙은 자전거를 탄 채로 논바닥에 내동댕이쳐졌고, 그 충격에 잠시 기절했다. 몇 분이나 지났을까. 정신 차리고 보니 신문은 여기저기 널브러져 있고 몸도 말을 듣지 않았다. 한참을 멍하니 그대로 누워 있었다. 서러운 마음이 밀물처럼 밀려와 아픈 줄도 몰랐다. '나는 왜 이렇게 고생하며 살아야 하나.' 엉엉 울며 신세를 한탄했다. 나를 울게 한 그 비탈길은 '응진핀'으로 불린다. 지금은 많이 평판화돼 그때처럼 경사가 심하지 않게 바뀌어 있다.

한 부라도 더 돌리려고 머리도 많이 굴렸다. 배달에 최적화된 빠른 코스를 개발하고선 속으로 뿌듯해하기도 했다. 장성읍 남부 지역과 황룡면, 동화면을 도는 코스였는데, 자동차로나 갈 만한 먼 거리를 어린 나이에 어떻게 오갔는지 돌이켜보면 스스로도 혀를 내두를 지경이다. 새벽에 집을 나서 기찻길을 따라 장성역 쪽으로 갈 때면 무섭고 외로운 마음이 들기도 했다.

내가 신문을 배달할 당시엔 철길에서 사람이 죽는 사고가 종종 벌어졌다. 어려운 살림살이를 감당하기 어려웠기 때문일까? 철길에 누워 스스로 목숨을 끊은 사람도 있었던 것으로 알고 있다. 신문을 받으려면 철길을 따라 역전에 있는 보급소까지 가야 했는데, 사람들이 기차에 치여 죽은 곳을 지나는 기분이 유쾌할 리 없었다. 전날 사망사고가 벌어진 철길을 지날 때는 스산한 바람 소리에도 온갖 귀신의 형상을 상상하며 오금이 저렸다.

개에 물릴 뻔한 적도 있다. 비 오는 날엔 신문이 젖지 않도록 직접 전달해야 했기 때문에 구독자 집에 들어가야 했다. 그런데 황룡면 다산리 고재일 님의 집에 들어간 순간 송아지만한 개가 짖으며 맹렬하게 달려드는 것이 아닌가. 어린 마음에 얼마나 무서웠던지 아직도 큰 개를 보면 섬뜩할 때가 있다.

지금까지도 그때 일들을 생생하게 기억하는 걸 보면 신문을 배달할 때 받은 상처가 크긴 컸던 것 같다. 야무지고 당차다는 얘기를 듣고 자랐지만 어린 나이에 짊어진 삶의 무게는 벅찼다. 그래도 그 삶의 무게를 견딘 덕분에 착실하게 돈을 모아 중학교에 입학할 수 있었다.

내 어린 시절 사연을 듣고선 타고난 경영 마인드를 높게 평가한 분이 있다. 9급 공무원 출신으로 대통령비서실 인사 수석 비서관 자리까지 올라 화제를 모은 김완기 선배님이 바로 그분이다. 그분은 나의 롤모델이자 '녹번'이라는 내 고등학교 서클의 선배다. 김 선배님이 내 경영자적 능력을 인정하며 이렇게 얘기한 게 기억난다. "여느 공무원하고 좀 다르구나 싶었어. 너처럼 나랏돈 걱정하고 억척스럽게 고충민원 다 들어주는 공무원은 처음 봤다. 공무원을 안 했다면 넌 장사로도 크게 성공했을 거야. 물론 그랬다면 나랑 만날 순 없었겠지만."

내 장점 중 하나가 포기할 줄 모르는 뚝심이다. 그것만큼은 그 누구에게도 뒤지지 않을 자신이 있다. 어쩌면 배를 곯으면서도 학교에 가겠다고 죽어라 신문을 배달하던 그 시절에 이미 내 뚝심은 완성돼 있었을지도 모른다.

군 시절 연병장에서 매달리기를 하고 있는 모습.

"꼭 성공하리라" 서울행 기차에서 눈물을 삼키며 다짐하다

"희망이란 깨어 있는 꿈이다."
—이언—

천신만고 끝에 2년 늦게 장성중학교에 입학했다. 물론 중학교 시절이 만만하지만은 않았다. 입학하기도 전부터 난관이 있었다. 돈이 부족해 입학금을 납부하지 못한 탓에 며칠간 교실에 들어가지 못하고 교실 앞 양지바른 곳에서 우두커니 서 있어야 했다. 신문보급소 지국장님이 학교에 내 사정을 설명해 주고 입학금을 꼭 납부할 거라는 보증을 해 주고 나서야 겨우 반에 편성될 수 있었다. 일종의 '외상 입학'을 한 셈이다.

2년 선배가 돼 있었던 초등학교 동창들을 대하는 것도 영어색하고 서먹서먹했다. 당시엔 동정이든 호기심이든 타인의 시선이 불편했다. 초등학교 동창들과 만나면 내 처지를 두고 수군거리기라도 할 것 같았다. 물론 지금은 동창들과 사이좋게 잘 지내고 있지만⋯. 황룡강변 쓰러져가는 오두막 집에서 태어나 어려서부터 이리저리 돈 벌러 다니느라 아웃사이더 아닌 아웃사이더처럼 지내야 했던 마음의 상처가 일종의 자격지심으로 남아 있었던 것 같다.

그래도 공부는 억척스럽게 했다. 늦게나마 중학생이 되자 얼마나 기뻤던가. 또 공부가 얼마나 하고 싶었던가. 장학금만 놓치지 않으면 고등학교에 갈 수도 있다는 생각에 하루하루 절박한 심정으로 공부했다. 돈은 없었지만 공부만큼은 열심히 했다.

나는 광주고등학교 졸업식에서 어머니에게 졸업장을 안겨드렸다.
어머니는 나를 포함한 9남매를 홀로 키우시느라 이루 말할 수 없는 고생을 하셨다.

하루는 담임선생님이 반 아이들에게 어느 고등학교에 진학하고 싶은지 물었다. 난 공부만 할 수 있다면 어느 학교에 들어가도 괜찮다고 했다. 그랬더니 선생님이 "너는 성적이 좋으니 광주고등학교에 넣어봐라"라고 말씀하신 게 아닌가. 선생님 조언을 듣고선 계획에 없던 광주고등학교 입학시험을 치렀다. 그런데 웬일? 덜컥 합격해 버렸다. 광주고등학교는 당시 전남의 명문고등학교 중 하나였다. '내친 김에 대학교도 가볼까?' 용기가 솟았다. 삶의 목표를 더 높게 세운 것이다. '그래, 이 지독한 가난에서 벗어나려면 더 열심히 공부해 대학교에 가자.'

광주고등학교를 마칠 무렵 어느 대학교에 가느냐를 놓고 다시 선택의 순간이 다가왔다. 전액 장학금으로 다닐 수 있는 육군사관학교는 아쉽게도 신장 기준이 맞지 않아 포기해야 했다. '교육대에 입학해 교사를 할까? 서울 명문대학교에 가서 본격적으로 고학의 길에 들어서 볼까?' 별의별 생각이 다 들었다. 고심 끝에 전남대학교 정치외교학과를 선택했다.

고백하자면 대학교에 들어가 공부에만 매진한 건 아니다. 혈기왕성한 나이였던 만큼 유신 반대 운동 등으로 학업에 소홀한 날이 많았다. 남들보다 늦은 나이에 대학교에 들어간 나는 정의감에 불타 방황 아닌 방황을 했다. 시위를 하다 붙잡혀 경찰서 유치장에서 하룻밤을 지새우기도 했다. 그러던 어느 날 학생처장님이 날 불렀다. 평소 날 아꼈던 그분은 시위에 참가했다는 이유로 학교를 그만둬야 할 정도의 중징계가 내게 떨어질 것 같다고 말씀했다. "자네 이참에 군대에 가는 게 어떻겠나. 징계를 피하려면 입대하는 수밖에 없네." 어차피 갈 거라면 빨리 가는 것도 나쁘지 않겠다 싶어 곧 입대했다.

전역 후에는 행정고시를 준비하려고 했다. 그러나 집안 사정이 사정인 만큼 하루라도 빨리 직장을 잡아야 했다. 그래서 7급 공무원 시험으로 방향을 틀었고 다행히 바로 합격했다. 지금 생각하면 다소 아쉬운 선택인 것 같기도 하다. 서울에서 공무원으로 근무하던 고등학교 서클 선배들이 정부 광화문청사 인근의 식당에서 초년 공무원인 나를 위해 환영회를 열어준 적이 있는데, 총무처(훗날 내무부와 통합돼 행정안전부가 된 정부 부처)에서 일하던 선배가 내 점수를 확인하고선 행정고시를 준비하라고 권유했을 정도로 고득점으로 합격했기 때문이다.

아무튼 1977년 장성역에서 가족들의 배웅을 받으며 서울로 공직생활의 길을 떠났다. 발령지는 건설교통부(토지·주택 등 국토 계획을 총괄하는 중앙행정기관으로 현재는 국토교통부로 이름이 바뀌었 다)였다. 역 앞에서 어머니는 요기하라며 삶은 계란을 건네주 셨다. 지금도 삶은 계란을 보면 혹시나 식을까봐 품에 넣어 둔 계란을 꺼내시는 그때 당시 어머니의 모습이 떠오른다. 기차 안에서 눈물 젖은 달걀을 먹으며 어머니의 말을 되뇌고 또 되뇌었다. "여기 일은 신경 쓰지 말고 가서 나랏일만 열 심히 해라. 네가 잘되는 게 우리가 잘되는 길이다. 알았냐." 슬펐던 일, 기뻤던 일들이 주마등처럼 머릿속을 스쳐가는 가 운데 다짐했다. '어머니의 자랑스러운 아들로, 또 장성의 떳 떳한 아들로 반드시 성공하겠습니다.' 광화문 정부청사로 출 근하는 중앙부처 공무원으로 서울 살이가 시작됐다. 가난한 장성 촌놈에게 쨍 하고 볕들 날이 그렇게 찾아왔던 것이다.

전남대학교 정치외교학과 졸업식 날 어머니, 지인들과 함께 촬영한 사진.

허허벌판에 뚝딱 신도시 짓는
도시계획 전문가가 되다

"내 손 안에는 항상 비장의 무기가 있다.
그것은 바로 희망이다."
―나폴레옹―

국토교통부에서 나는 주택·도시·토지 전문가의 길을 걸었다. 그리고 업무 능력을 인정받아 과천 신도시를 시작으로 분당과 일산 등 5개 신도시를 잇따라 건설한 신도시건설사업단에 들어갔다. 나를 포함한 신도시건설사업단 공무원들은 신도시를 지으며 도시 건설이 '예술'이 될 수 있다는 점을 보여줬다. 물론 일은 무섭도록 해야 했다. 신도시 건설 전문가가 드물다 보니 스스로 배우고 이렇게 경험한 걸 현장에 옮기는 수밖에 없었다. 덕분에 공무원이 회사사람 반만 일해도 대한민국이 달라질 거라는 말이 있던 시절에 신도시건설사업단 공무원들은 민간 건설회사 사람들보다 오히려 훨씬 많은 일을 했다. 당일 출근해서 당일 퇴근하지 못하는 날이 수없이 이어졌다. 술자리도 작전 치르듯 가져야 했다. 자정이 되면 일제히 술집 문을 닫던 때가 있었는데, 술을 마시려면 영업종료 30분 전에 미리 후배를 보내 술과 안주를 주문해 둬야 했다. 그래야 술집 마감 시간을 어렵사리 연장할 수 있었다. 그렇게 살인적으로 일하면서도 버틸 수 있었던 건 어린 나이에 하루 여덟 시간씩 신문 배달을 하며 키운 '깡다구'가 큰 도움이 됐음은 물론이다.

진도연륙교 및 제2연륙교 개설 현장에서 촬영한 사진. 국토교통부 재직 시절이다.

일복이 많았던 만큼 상복도 터졌다. 허허벌판에서 도깨비 방망이를 휘두르기라도 한 것처럼 쾌적한 신도시를 뚝딱 만들어낸 공로와 함께 공무원으로서의 능력을 인정받은 덕분에 건설교통부장관 표창과 근정포장과 녹조근정훈장을 받았다.

1986년 국가에서 근정포장을 받은 건 정부합동민원실(현 국민고충처리위원회)에서 지금까지도 전설처럼 회자되고 있다. 10년 이상 근속한 사무관(5급) 이상 공무원에게 훈장과 포장을 수여하기 마련인데, 이 같은 원칙을 깨고 근속연한이 9년 2개월에 불과한 하위직인 내가 근정포장을 받았기 때문이다. 행정주사에겐 유례가 드문 일이다.

5대 신도시 건설의 공로를 인정받아 1992년 녹조근정훈장을 받은 것 역시 대단한 기록이다. 당시엔 영국에서 유학하고 있었기 때문이다. 한국에 있지도 않았는데 훈장을 줬다는 건 그만큼 나에 대한 윗분들의 신의가 두터웠다는 걸 방증한다. 현직에 있으면서 두 차례나 훈·포장을 받는다는 건 공무원으로서 크나큰 영광이 아닐 수 없다.

어느덧 나는 도시계획을 비롯해 주택행정이라는 차별화된 분야에서 능력을 인정받는 전문가로 성장했다. 당연히 승진도 잇따랐다. 광주국도유지건설사무소 소장을 거쳐 물류시설과장, 지가제도과장, 국립지리원 지도과장, 주택관리과

장, 공공주택과장, 항공정책과장, 중앙토지수용위원회 사무
국장을 경유해 마침내 이사관으로 명예퇴직했다.

인생은 알다가도 모를 일이다. 다 쓰러져 가는 오두막집
에서 태어난 촌놈이 운명처럼 분당, 일산, 평촌을 비롯해 최
고의 인기를 누리는 신도시를 만드는 전문가의 일원으로 활
약하다니…. 무에서 유를 창조하는 능력은 허허벌판에 전국
이 주목하는 신도시를 만들어냈던 국토교통부 시절 쌓은 게
아닌가 싶다.

국토교통부에서 일할 때 추경석 당시 장관님에게 표창을 받고 있다.

국가경영의 큰 그림을 보며
장성의 미래를 설계하다

"먼저 행동함으로써 다른 사람을 움직여라!"
-로마 격언-

벼슬길에 오른 지 20여 년 만인 1997년 처음으로 고향에 부임했다. 광주국도유지건설사무소 소장(4급 서기관)으로 발령받은 것이다. 임명제 지자체장 시절이라면 군수로 내려올 수 있는 직급이었다.

난 장성에 먼저 들렀다. "아, 내 고향 장성!" 서울에서 공직생활을 하면서도 어머니와 친지를 뵈러 종종 장성에 내려와 고향마을을 둘러보며 어린 시절을 회상하곤 했다. 그래서인지 장성을 떠난 적이 없다는 생각마저 들었다. 고향의 정을 담뿍 느끼면서도 한편으로는 몹시 침울했다. 정체돼 있는 장성의 모습이 안타까웠기 때문이다. 국토교통부에서 주택정책과 도시설계를 맡으며 쌓은 노하우를 고향인 장성을 위해 풀어내고 싶었다. 빈한한 나를 이만큼 키워준 고향에 어떻게든 마음의 빚을 갚고 싶었다. 전 세계가 감탄한 신도시를 만드는 데 기여한 경험을 장성에 풀어낼 수만 있다면….

물론 국토교통부에서 일할 때도 고향을 위해 많은 도움을 준 적이 있다. 장성군과 전남도청 관계자들은 중앙부처와 업무를 진행할 때 나를 소통 창구로 이용했다. 크고 작은 사업을 진행할 때 내 도움을 많이 받은 김흥식 전 장성군수님이 내게 여러 번 각별한 고마움을 표시하기도 했다. 장성읍 기산리 중보뜰에 위치한 1차 LH 공공임대아파트는 사실상 김 전 군수님에게 내가 제안해 유치했다. 식당에서 함께 식사하다 내가 "장성읍 기산리 중보뜰 개발을 촉진하려면 공공임대주택을 지어보자"고 하자 내 두 손을 꼭 잡으며 감격스러워하던 김 전 군수님의 얼굴이 생생하다. 우리 군에서 문화시설사업소장으로 퇴직한 고성욱 당시 지역개발계장도 그때 일을 또렷하게 기억하고 있다. 김 전 군수님을 수행하느라 함께 식사를 했기 때문이다. 고 전 소장은 당시 일을 회상하며 이렇게 말한다. "그 식당에서 김 전 군수님과 유 군수님이 의기투합해 장성군 주거 역사에 한 획을 그을 지 어떻게 짐작이나 했겠습니까."

내가 고등학교 졸업장을
두 개씩이나 갖고 있는 사연

"지난 일을 잊지 않는 것은 나중 일의 스승이다."
—사마천 『사기』—

난 고등학교 졸업장을 두 개나 갖고 있다. 광주고등학교
를 졸업했지만 장성고등학교 명예졸업장도 있다. 장성고등
학교는 중견 건설업체 부영에 요청해 기숙사를 건립하는 데
기여한 공로로 내게 명예졸업장을 안겨줬다.

부영은 기업 이윤의 사회 환원 차원에서 학교 교육시설을
무상으로 지원하는 사업을 종종 벌이고 있다. 이 회사 회장
님과 친분이 두터운 나는 "도시 학교만 지원하지 말고 열악
한 시골 학교도 지원해 달라"라며 "내가 나온 학교는 아니지
만 내 고향 장성에 있는 장성고등학교를 위해 기숙사를 지

어달라"라고 요청했다. "학교재단이 성실한 데다 선생님들도 열정적이어서 명문고등학교로 도약할 가능성이 충분한 만큼 기숙사를 짓는 보람도 클 것"이라는 말도 곁들였다. 부영 측은 내 요청을 흔쾌히 받아들여 2003년 10억 원을 들여 630명을 수용할 수 있는 최신식 기숙사를 신축해 장성고등학교에 기증했다.

당시 부영의 결정은 이례적이었다. 실제로 부영이 군 단위 지역 학교의 기숙사를 지원한 사례는 극히 드물다. 부영회장님이 "아무리 고위직이라도 현직에 있는 사람에게 이런 부탁을 들어준 적이 없다"라고 말했을 정도다. 장성고등학교 기숙사를 지원한 건 그만큼 파격적인 결정이었던 것이다. 물론 기숙사는 고향인 장성의 발전을 위한 대가성 없는 나의 요청에 건설사가 화답해 만들어졌다. 그렇다곤 해도 건설 담당 공무원과 건설사 회장이라는 민감한 관계이기 때문에 요즘 같으면 김영란법(부정청탁 및 금품 등 수수의 금지에 관한 법률)을 피할 수 없었을 것 같다는 생각도 든다.

아무튼 장성고등학교 기숙사가 생기자 지역사회는 크게 기뻐했다. 감동한 장성고등학교와 학생들, 학부모와 동문들의 뜻을 모아 반옥진 당시 교장선생님이 내게 명예졸업장을 수여했다. 기숙사 표지석에는 '유두석'이란 이름도 새겨줬다. 장성고등학교가 호남, 아니 대한민국의 명문고로 급부상해 날로 명성을 드높이는 걸 보니 뿌듯하다. 그때마다 난 장성고등학교 명예졸업장을 꺼내 보며 감격에 젖는다. 고향 사람들은 내게 고마워하지만 나야말로 고향에 적게나마 마음의 빚을 갚아가는 기분에 내가 더 고맙다.

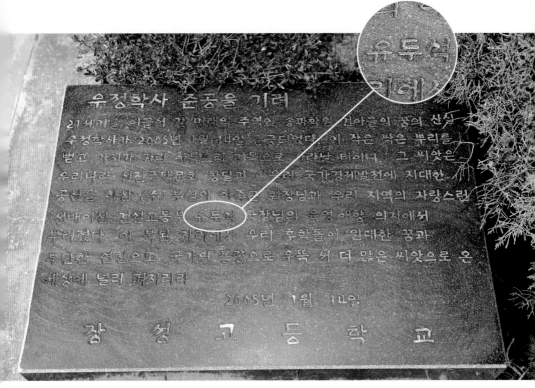

우정학사(장성고등학교 기숙사) 준공 기념석에 내 이름이 적혀 있다.

'첼시 플라워쇼'에서
충격을 받고
고향의 미래를 디자인하다

"천 리 밖까지 바라보려면
누대를 한 계단 더 올라가야 한다.
(欲窮千里目 更上一層樓)"
—왕지환—

1992년 나는 공직자 국비유학생으로 뽑혀 영국 버밍엄대학교 대학원으로 2년간 국비유학을 갔다. 전공은 도시·지역계획학CURS이었다. 수도권 5개 신도시 건설을 계획한 실무자였던 만큼 학문적 이해는 남달랐다. 아마도 내 전공 교과서의 저자들도 나만큼 도시계획 실무 경험이 많진 않으리라. 자족 기능을 갖춘 세계적인 친환경 도시와 지속가능한 한국형 미래도시 모델을 공부하느라 시간이 가는 줄 몰랐다. 40대 중반으로서 결코 만만치 않았던 유학생활이었지만 하나라도 더 배워서 돌아가겠다는 욕심에 밤을 새워 가며 공부하는 날도 많았다. 영어가 서툰 만큼 남들보다 몇 배 이상은 공부해야 했다. 살이 쪽 빠질 정도로 공부에 매진해 석사학위를 받았다. 실무와 이론을 겸비한 주택·도시계획 전문가가 된 것이다. 중앙정부 각 부처에서 국비유학을 온 고위공무원, 세계 곳곳에서 유학 온 고위인사, 기업인들과 폭넓은 인맥을 쌓은 것도 영국유학의 결실 중 하나다.

영국 유학 시절이 큰 의미를 갖는 건 도시 및 지역 계획

영국 버밍엄대학교 석사 졸업식에서 당시 지도교수님, 가족과 함께 찍은 사진.

전문가로서 내 가치관에 일대 혁신이 가해진 시기이기 때문이다. 어느 날 대학원 수업을 마치고 가족들과 함께 세계적인 꽃·정원 박람회인 '첼시 플라워쇼'를 보러 갔다. 명색이 도시·환경전문가로서 세계적인 친환경 꽃박람회를 분석하지 않을 수 없다는 생각으로 갔는데, 그때 받은 충격과 감동이 지금의 나를 있게 했다고 해도 과언이 아니다. 동화책에서나 봄직한 아름다운 정원, 꽃마차, 꽃길, 꽃궁전, 꽃수변… 눈으로 보면서도 꿈을 꾸는 듯했다. 비싼 입장료에도 사람들이 속된 말로 미어터지게 몰려들었다. 꽃의 향연 앞에서 전 세계에서 온 남녀노소 관광객들이 감탄사를 연발하며 웃음꽃을 피웠다. 도로를 만들고 아파트를 건설하면서 안락한 주거공간과 편리한 생활의 도시설계에만 매달렸던 내게 전혀 다른 세상이 보인 것이다. "그래, 바로 이거야!" 심장이 쿵쾅대는 소리가 귀에 선명히 들릴 정도였다.

'삶에도 여백이 필요하다.'
'우리가 앞으로 가야 할 방향도 바로 이런 것이겠구나!'

유럽에선 제일 흔한 가게가 꽃집이다. 먹고 살기 어려웠던 나에게 꽃은 사치품 그 이상도 그 이하도 아니었다. 꽃을 선물하는 건 꿈에서도 생각하지 않은 일이었다. 유럽은 달랐다. 먹고사는 데 여유롭지도 않으면서 심지어 하루 벌어 하루 먹는 노동자들까지 가까운 사람에게 주는 최고의 선물로 꽃을 꼽았다. 한번은 함께 공부하는 영국인에게 물은 적이 있다. "비싸고 딱히 쓸 데도 없는 꽃을 사느니 필요한 물건을 선물하는 게 낫지 않아요?" 그랬더니 다음과 같은 답이 돌아왔다. "비록 비싸긴 하지만 꽃을 선물하면 주는 사람도 받는 사람도 지불한 돈 이상의 행복감을 느낄 수 있지요." 그 말을 듣는 순간 머리가 띵해지는 기분이었다. 돈으로도 살 수 없는 행복을 줄 수 있다니…. 삶의 질을 우선시하는 유럽인들의 생활 철학과 문화를 실감했다. 전후 세대로서 산업화와 성장만을 목표로 살아왔던 나로서는 충격이나 다름없었다.

고향의 부름에 나를 맡기고
'아름다운 귀향'을 하다

"작은 변화가 일어날 때
진정한 삶을 살게 된다."
―레프 톨스토이―

2006년 난 장성군수 출마를 결심했다. 어머니의 한마디가 결정적으로 작용했다. 고향에 내려갔더니 어머니가 이렇게 말씀하시는 게 아닌가.

"두석아, 니가 서울서 큰 벼슬 하고 호강한다고 니 나이에 뭔 의미가 있다냐. 만나는 사람마다 니 이야기 하고 내려오라고 그러는디 안 내려오고 뭐하고 있냐. 니가 서울에서 영화를 더 누리면 뭐하겠냐. 더 늦기 전에, 고향사람들이 불러줄 때 내려와라."

어머니의 순박한 말씀이 그 어떤 꾸지람보다 추상같은 호통으로 다가왔다. 그 말씀을 들은 걸 계기로 귀향을 감행했다. 중앙정부 고위직을 내던져야 하는 고뇌 어린 결정이자 고향의 부름에 나를 맡긴 '아름다운 귀향'이었다.

국토교통부에 있을 때 나는 우리나라의 도시계획, 도로, 주택 등과 관련해 중추적인 업무를 담당했다. 그러다 보니 자연스럽게 고향인 장성의 발전에 내가 필요하다면 열 일을 제쳐두고 나섰다. 능력이 있을 때 나를 낳아주고 키워준 고향을 위해 뭐라도 해야 한다는 책무감이 있었기 때문이다.

단골 술집에서도 장성에서 생산되는 보해소주만 찾을 정도로 나의 고향 사랑은 유별났다. 보해소주가 없으면 다음에는 준비해 달라고 술집 사장님에게 말해둘 정도였다. 작은 일 하나라도 고향의 처지를 먼저 생각하는 게 내 고향 장성에 보은하는 길이라고 여겼다. 고향을 향한 살갑고 애틋한 마음이 나를 장성으로 향하게 한 셈이다. '내가 가진 행정 경험과 학문적 지식, 그리고 중앙정부와 해외에서 맺은 풍부한 인적 자산을 활용해 내 고향 장성을 그 어떤 도시 부럽지 않게 발전시키리라.' 오직 그 마음 하나로 나는 귀향을 결심했다.

아름다운 귀향,
장성의 미래가 보인다

대한민국 중앙정부 건설경제
행정전문가 유두석.
그가 「미래 장성 희망보고서」를 들고
'아름다운 귀향'을
선택한 까닭은 무엇인가?

유두석 지음
前 건설교통부 이사관

현대미술

찢어지게 가난했던 신문팔이 소년 유두석이
대한민국 중앙정부의 고위공직자로 우뚝 성장했다.
그러나 그는 지금, 보장된 고위 공직자의 명예와 영달을 포기한 채,
낙후된 고향 장성을 부흥시키기 위해 '아름다운 귀향'을 선택했다.
그는 지금 5만 장성군민과 함께 꿈을 꾸기 시작했다.

"유두석과 함께 꾸는 꿈은 꼭★이루어집니다."

ISBN 89-957305-2-8
Printed in Korea 값 5,000원

2006년 2월 발간한 『아름다운 귀향, 장성의 미래가 보인다』.

아름다운 귀향, 그 뒷이야기

2015년 6월 우박과 강풍으로 피해를 입은 포도 농가를 방문하고 있다.

"꼭 정당에 소속돼야 한다면 내 정당은 '경로당'으로 하겠습니다"

출사표를 던진 제갈량의 심정으로 귀향했지만 장밋빛 미래는 펼쳐져 있지 않았다. 당시 장성군민들이 내게 장성군수라는 자리를 맡겨야 할 이유는 하나뿐이었으리라. 국토교통부에서 주택·토지·도시 업무 등을 전문적으로 다루고 세계가 주목한 신도시를 연이어 건설하는 데 참여한 중앙부처 행정전문가. 하지만 도전은 쉽지 않았다. 다른 후보를 지지하는 이들에게 나는 환영받지 못하는 존재일 뿐이었다.

"왜 돌아와서 평지풍파를 일으키나."

"갑자기 군수 하겠다고 오면 누가 '어서 오세요' 하고 반겨줄 줄 알았나."

더욱이 특정 정당으로부터 공천을 받지 못하면 민심을 얻기 어려운 형편이었다. 당초는 전략공천을 염두에 두고 있었다. 특정 정당의 인재영입위원장이 전략공천을 해주겠다고 언질을 줘 관련 서류까지 작성해 접수했다. 그러나 현실이 녹록지 않아 공천을 포기하고 군민들에게 직접 심판을 받기로 결심했다. 당당했던 나는 '흑묘백묘론黑猫白猫論'을 폈다. 고양이 색깔이 검든 희든 그게 무슨 상관인가. 쥐만 잘 잡으면 되는 거 아닌가? 당적이 있든 없든 간에 지금보다 나은 장성을 만들 수 있는 사람이 바로 유두석이라고 주장했다.

"저는 큰물에서 일하다 장성의 발전을 위해 되돌아온 것입니다. 연어가 알을 배면 고향의 강으로 돌아오는 것처럼, 내가 배워온 것과 고향에서 받은 것을 돌려드리고 싶어 온 것이지 군수 자리가 욕심나서 온 것이 아닙니다. 개인적인 명예와 영달만 생각했다면 계속 서울에서 공직생활을 했을 겁니다. 덩샤오핑(등소평)이 뭐라고 했습니까. 검은 고양이든 흰 고양이든 간에 쥐만 잘 잡으면 된다고 하지 않았습니까. 능력만 있으면 되지 당이 무슨 상관이란 말입니까. 내 능력을 고향을 위해 풀어낼 수 있도록 해주십시오."

내가 가장 존경하는 인물은 다산 정약용이다. 정약용의 애민정신에 입각한 실사구시實事求是 정신은 '흑묘백묘론'으로 대표되는 덩샤오핑의 실용주의 정신과 일맥상통한다. 실제로 베트남의 국부 호치민은 정약용의 대표적인 저서인 『목민심서』를 항상 지니고 다니며 정치 지표로 삼았을 정도로 다산을 존경했다고 한다. 호치민은 왜 다산에게 끌렸던 걸까. 오직 백성만을 위해 살았던 다산의 한없는 애민정신과 실용주의 정신이 사회주의자로서 우리와 이념이 다른 나라의 지도자마저도 감동시켰기 때문이리라. 장성을 발전시킬 수 있는 적임자인지 아닌지를 묻는 선거에서 당적이 있고 없고가 대체 무슨 상관이란 말인가.

"제가 쥐를 가장 잘 잡을 수 있는 고양이입니다. 꼭 정당에 소속돼야 한다고 한다면 내 정당은 '경로당'으로 하겠습니다." 난 이 논리를 펼치며 군민들을 설득했다.

2016년 3월 장성군청 광장에서 '100원 행복택시'를 시승하고 있다.

2부 인간 유두석을 말하다

매 순간이 시험대···
한번 등 돌린 민심은 잡기 어렵다

"세상의 중요한 업적 대부분은
희망이 보이지 않는 상황에서도
꾸준히 노력한 사람들에 의해 이뤄진 것이다."
-데일 카네기-

비록 정당 공천을 받지 못했지만 주위에선 무소속으로 나가도 승산이 있을 거라며 지지와 격려를 보냈다. 그 와중에 큰 사달이 났다. 내가 이미 정당에 가입한 당원이라는 논란이 빚어진 것이다. 지면에서 논란의 과정을 모두 설명하긴 복잡하다. 간략하게 말하면 특정 정당이 전략 공천을 위해 영입을 제의할 때 건넨 공천을 전제로 한 입당원서에 서명하고 도장을 찍은 게 문제였다. 서류상 입당일에는 공직자 신분이었기 때문에 법적으로도 입당은 무효였지만 내 주장은 받아들여지지 않았다. 결국 무소속으로 출마해 당당하게 승리했지만 허탈하게도 군수 재임 1년 4개월 만에 당선 무효 처분을 받았다. 비행기를 타고 위로 날아가다 뚝 떨어진 기분이었다. 고생 끝에 추수한 볏단을 통째로 날린 마음이랄까.

그런데 이런 사태를 민선 6기 군수로 당선돼서도 겪을 뻔했다. 공직선거법 위반 혐의로 1심에서 당선무효형인 징역 10월에 집행유예 2년을 선고받았기 때문이다. 데자뷔를 보는 듯했다. 또 중도하차를 하는 것인가? 눈앞이 캄캄했다. "낼모레 관둘 사람이 이렇게 열심히 하면 뭐하나"라는 비아냥거림도 들었다. 그럴 때마다 "내일 당장 관두더라도 나는 군수로서 해야 할 일을 하겠다"라고 더 당당하게 일했다. 그런데 이때는 하늘이 도왔는지 아슬아슬하게 대법원에서 당선무효형을 피했다. 살면 살수록 모를 일이 인생 일이 아닌가 싶다. 법적 분쟁에 휘말렸을 때는 고위직 공무원이나 장관들로부터 문자도 많이 받았다.

'군수 안 해도 잘나갈 사람이 왜 그런 수모를 당하나.'
'더 나은 자리도 마다하고 고향에 내려가더니 이게 무슨 청천벽력이란 말입니까.'

지금은 고향 사람들의 심정을 이해한다. 아무리 장성 출신이고 밥 먹듯 장성에 내려왔더라도 고향을 떠나 있던 사람이 군수에 출마한다고 나타나면 누가 좋다고 반겨주겠는가. 처음엔 나를 마뜩잖게 생각하신 고향 사람들의 마음을 십분 이해한다.

2017년 10월에 열린 '장성 황룡강 노란꽃잔치'의 현장.
탐스러운 백일홍 군락의 자태를 임재율 사진작가님이 앵글에 담았다.

사람 마음을 끄는 가장 큰 무기는 '진심'과 '정직'이다

"진실된 일념이면
뚫고 나가지 못할 것이 없다."
−고금명언−

군수 출마를 위해 귀향한 초기, 세 번째로 교회에 나간 날이었다. 예배 후에 목사님이 내게 나와서 신자들에게 인사할 수 있는 시간을 마련해 주셨다. 감사하게도 내가 고향 사람들에게 제대로 인사할 수 있게 명석을 깔아준 것이다.

"군수 되려면 교회에 다녀야 한다고 해서 왔습니다. 그런데 목사님 설교를 세 번이나 듣고 나니까 저도 하나님 옆에 있다는 생각이 듭니다."

사람들이 내 말에 박수를 치며 환호했다. 예배가 끝나자

신자들이 내 주위로 우르르 몰려들었다. 그때 당선에 대한 확신이 들었다. 역시 솔직함이 내 필살기였다. 진심과 정직만이 사람의 마음을 끄는 가장 큰 무기라는 점을 다시 확인했다.

국토교통부 시절에도 나는 속으로 끙끙 앓거나 잔머리를 굴리는 일이 별로 없었다. 초년생 때 사실대로 말하기 곤란한 상황에서 딱 한 번 선의의 거짓말을 했다가 내내 목에 가시가 걸린 듯 시달린 뒤부터는 사실대로 말하는 게 최선이라는 결론을 얻었다. '꼼수는 정수正數를 이길 수 없다'라는 게 내 신념의 철학이다.

주택공사 등 국토교통부 산하 투자기관 담당 시절 업무상 사람들을 만나고 부탁을 받고 하는 일들이 빈번했지만 나 혼자 알고 속 끓이지 않고 "엊저녁에 술 한 잔 같이 먹었는데 해줘야 할 것 같습니다"라고 아예 다 말해 버렸다. 그러면 내 고민을 이해하고 윗분들도 함께 방법을 찾아줬다. 진정성은 대인관계에서도 그 위력을 발휘한다는 걸 깨달은 셈이다.

당선인 신분으로 500억짜리
국가개발 시범사업을 유치하다

"행운은 100% 노력한 뒤에 남는 것이다."

−랭스턴 콜만−

2006년 군수 당선인 신분으로 유치한 '국가개발촉진지구 시범사업'은 장성 역사상 유례를 찾기 힘든 사업이었다. 그도 그럴 것이 사업비가 무려 500억 원이나 되는 대규모 국가정책 사업이었기 때문이다. 장성군은 이 사업을 유치한 덕분에 연간 100억 원 규모의 사업을 5년간 벌일 수 있었다. 내 후임인 이청 전 군수 재임 기간에 150억 원을, 민선 5기에 나머지 액수를 지원받았다. 홍길동테마파크 순환도로 개설사업, 축령산 휴양단지 기반시설, 상무평화공원 기반시설, 동화전자종합농공단지 진입도로 개설사업 등 19개에 이르는 굵직한 기반시설 조성 사업이 '국가개발촉진지구 시범사업'을 통해 추진돼 장성 발전의 기틀이 닦였던 것이다.

원래 이 사업은 '국가개발촉진지구 사업'이라는 이름으로 추진됐는데, 사업을 유치하는 건 결코 쉽지 않았다. 사업 대상지가 전국 3, 4곳에 불과한 데다 매년 지원하는 것도 아니었기에 지자체장이라면 누구나 눈독을 들였지만 언감 생심 군침만 흘리는 경우가 대부분이었다. 그나마 같은 광역자치단체에 속한 2개 군을 묶어 250억 원씩 지원하는 게 관례였다.

2006년 9월 한국토지공사와 국가개발촉진지구 시범사업을 시행하기 위한 종합개발 기본 계획 협약을 맺었다.

난 "나를 군수로 뽑아주면 장성군을 위해 감히 상상할 수 없는 국비를 유치하겠다"라고 말한 약속을 지키기 위해서 '국가개발촉진지구 사업'을 받아 오려고 국토교통부를 상대로 갖은 노력을 기울였다. 그런데 난관이 있었다. 국가개발촉진지구로 지정받으려면 최소 2, 3년 전부터 개발 계획을 수립하고 준비해야 할 뿐 아니라 전라남도에 신청하는 과정이 선행돼야 했다. 신임 군수인 내가 이 같은 과정을 거쳤을 리 없다. 지원 금액도 2개 군으로 나누기 때문에 250억 원 정도에 그쳤다.

당선인 신분으로 과거 함께 일했던 국토교통부 관계자를 찾아가 낙후한 장성과 같은 지역을 지원할 방법이 있는지 고민해달라고 요청했고 '국가개발촉진지구 시범 사업'이라는 500억 원 규모의 사업을 유치하기에 이르렀다. 그 결과 장성군과 강원도 고성군, 경상북도 울진군이 수혜를 입었다.

기존 국가개발촉진지구 사업은 사전에 사업계획서를 만들어야 하지만, 시범사업은 먼저 사업지를 선정하고 차후에 계획서를 제출하는 방식이었다. 따라서 타당성과 실행 가능성이 확실한 계획에 대해서는 대형 국책사업은 물론이고 민자 유치 사업도 가능하기에 장성으로선 호박이 넝쿨째 굴러

들어온 것과도 같았다. 마침 국토교통부는 내가 취임한 다음 날인 7월 2일에 국가개발촉진지구 시범사업에 대한 보도 자료를 발표했다.

군수 당선인으로서 당시 느꼈던 흥분과 감동이 아직도 생생하다. 취임 이후 장성의 지도를 바꾸고 경제구조를 전환할 만한 사업을 발굴하기 위해 전담팀을 새롭게 꾸리려고도 계획했다. 그런데 그토록 중요한 시점에서 이중 당적 논란이 불거져 군수 취임 16개월 만에 꿈도 펼치지 못하고 중도 하차하고 말았다. 비록 내 손으로 사업비를 직접 집행하진 못했지만 후임 군수들이 장성 발전을 위한 소중한 종잣돈으로 사용한 만큼, '국가개발촉진지구 시범사업'을 유치한 건 여전히 나의 큰 자랑거리 중 하나로 남아 있다.

온갖 악의적 유언비어를 물리치고 군수가 된 아내

"나의 미래는
내가 오늘 무엇을 하느냐에 달려 있다."
―마하트마 간디―

    집사람인 이청 전 장성군수의 이력은 독특하다. 남편의 당선이 취소되자 보궐선거에 나가 군수가 된 아내가 세상에 흔할까? '유두석 꼭두각시'라는 악의적인 소문이 돌기도 했으나 군수라는 게 그렇게 만만한 자리가 아니다. 엄중한 책무를 맡을 만한 행정능력과 리더십을 갖추고 있기에 엄두를 낸 것이다. 나의 정치적 동지이자 분신 같은 사람이지만 군청사로 출근해 군정을 처리하는 일은 엄연히 군수인 아내의 몫이었다. 그렇다면 아내는 어떻게 해서 군수에 출마하게 됐을까?

군수에서 하차하자마자 나를 데려가기 위해 여기저기에서 성화가 이만저만이 아니었다. "차라리 잘됐다. 우리랑 함께 일하자." 중앙부처의 선후배, 동기들이 내가 일할 자리를 만들어주기 위해 발 벗고 나섰다. 그러나 지지자들 움직임은 심상찮았다. 내 집으로 몰려와 아파트 거실을 점거하다시피 했다. 중도하차 충격으로 며칠만이라도 여행을 떠나 심란한 마음을 정리하려고 했는데 아파트 현관 밖으로 한 걸음도 못 나가는 상황이 연출됐다. 그렇게 지지자들에게 감금을 당하다시피 열하루를 보냈다. 당시 지지자들의 입장은 이랬다.

"장성을 버리면 안 됩니다. 사모님이 군수로 나가면 하던 일을 쭉 이어갈 수 있지 않습니까."

처음에는 "말도 안 된다"라며 나와 아내 모두 손사래를 쳤다. 그러나 지지자들은 요지부동이었다. 무조건 출마해야 한다는 것이다. 결국 지지자들의 열화와 같은 요청에 두 손 두 발 다 들었다. 집사람이 보궐선거에 출마하겠다고 승낙한 것이다. 아내는 선거에 출마해 내 뒤를 이을 민선 4기 군수로 뽑혔다. '인간 승리'가 주제인 역전 드라마를 연출한 것이다.

보궐선거 전까지 나는 나대로 곤욕스러운 나날을 보냈다. 이곳저곳의 스카우트 제의를 거절하는 게 만만치 않았기 때문이다. 어떻게 내 연락처를 알았는지 헤드헌터들로부터 전화도 많이 왔다. 몇 곳에선 CEO로 영입하겠다고 제의하기도 했다. 한 중견기업 관계자는 CEO로 데려가기 위해 두 번이나 직접 나를 찾아왔다. 그 관계자가 한 얘기를 아직도 기억하고 있다.

"국토교통부에서 선생님 평판을 알아봤는데 정말 대단하던데요. 선·후배, 출신지, 부서를 가리지 않고 모두들 한 목소리로 선생님을 칭찬하더라고요. 능력으로도, 인간적으로도 국토교통부의 전설이라면서요. 비결이 대체 뭔가요?"

지금도 그렇지만 당시에도 내 대인관계는 상당히 좋았다. 마르지 않는 샘에 비견할 만큼 풍부한 인맥을 자랑한다. 한마디로 오지랖이 넓다. 타인의 미담이나 선행을 대신 자랑하는 것도 좋아하고 불의에 처한 사람들을 그냥 넘기지 못하는 것도 오지랖 넓은 나의 특징이다. 나를 위한 말은 숨겨놓은 채 꺼내지도 못하면서 남 처지를 배려할 때는 민첩하게 행동한다.

아내는 나의 이런 성격을 흔히 '투박한 질그릇'에 비유하곤 한다. 좋아하는 사람들에게도 속마음을 표현하지 못하는 성격 때문에 내가 가까운 지인들로부터 종종 무심하고 냉정하다는 오해를 받곤 한다며 아내는 무척 안타까워한다. 이런 성격을 바꾸려고 노력도 해 봤지만 타고난 기질이기 때문에 나도 어찌하지 못한다. 내 속 깊은 마음을 알아주길 바랄 뿐이다.

난 중앙부처에서 특히 향우들을 많이 도운 덕분에 지금도 당시의 고마움을 잊지 못한 사람들로부터 종종 감사 인사를 받고 있다. "유두석 그 사람은 자기는 잘 안 챙기는데 남을 위할 땐 발 벗고 나서더라." 내가 들은 최고의 칭찬 중 하나다.

어떻게 그런 인맥을 쌓았는지 묻는 사람들에게 난 말한다. "진정성을 갖고 사람을 대하면 되지요." 사람을 진실로 대하고 진심으로 사귀자는 게 내 신조다. 진실한 사람이라면 무턱대고 좋아하는 성격 덕분인지 살면서 사람 문제로 마음고생은 하지 않았다. 한번 믿으면 끝까지 믿고 품는 게 내 성격이다.

여담이지만 '작은 거인'을 포함해 내 별명이 여러 개 있는데 그중 하나가 '유세동'이다. 시중에선 전두환 전 대통령 측근으로서 국가안전기획부장을 맡았던 장세동 씨를 흔히들 '의리의 대명사'라고 부른다. 장 씨는 전 전 대통령이 용돈조로 줬던 돈을 통장에 따로 모아뒀다가 옥살이를 마치고 나와 돌려준 인물로 알려져 있다. 시절이 바뀌어도 의를 저버리지 않은 장 씨를 빗대 친구들이 내게 유세동이란 별명을 붙여준 것이다. 물론 나는 장 씨를 좋아하지 않는다. 부하로서 의를 지켰는지 모르지만 역사 앞에선 의롭지 않은 사람이라고 생각하기 때문이다. 아무튼 아내가 장성군수를 지낸 건 장성에서 아직까지도 전무후무한 놀라운 이야깃거리 중 하나다. 아내 역시 "남편 잘못 만나 팔자에 없는 군수까지 했다"라고 너스레를 떤다.

아내는 군수로서도 제 몫을 다했다고 생각한다. 재임 시절 '효도권'의 전 단계인 '목욕권'을 만든 이가 바로 아내다. 덕분에 "어르신 마음을 이해할 줄 아는 군수"라는 칭찬을 많이 들었다. 전임 군수와 현 군수라는 유례를 찾기 힘든 독특한 사이였던 만큼 우리 둘은 죽도 잘 맞았다. 아내가 군정을 이끌 당시 서울에 있는 큰 그룹회사의 상임고문을 맡고 있던 나는 적극적으로 외조에 나섰다. 국비 유치 등의 사안으로 중앙부처 인맥과의 연결이 필요하면 정부과천청사의 관련 부서 중심 인맥을 찾아 도움을 줬다. 장성 발전의 초석을 함께 닦는다는 이심전심으로 뭉쳤기에 가능한 일이었다.

2007년 10월 노인의날을 기념한 남면 경로잔치에서 촬영한 사진.

맞선녀 이청,
첫 데이트에서 '공식 약혼녀' 되다

"행복이란 무엇인가,
밖에서 오는 행복도 있지만 안에서 향기처럼,
꽃향기처럼 피어나는 것이 진정한 행복이다."
— 법정 스님—

아내는 중매를 통해 맞선 자리에서 처음 만났다. 교육자
집안에서 태어나 지방대학교를 졸업하고 역시 교육자로서
경기도의 한 중학교에서 교편을 잡고 있었던 어여쁜 여자였
다. 숙맥이었던 나는 쑥스럽고 부끄러워 아내의 눈도 잘 못
마주쳤다. 몹시도 일이 바빴던 탓에 맞선 이후에도 아내에게
연락할 틈이 없었다. 아내가 용기를 내서 만나자고 전화까지
걸어왔는데, 바쁘다는 핑계로 광화문 정부청사 쪽 콩나물 해
장국집으로 오게 해 기다리게 했다. 점심시간이 되자 부서
직원들까지 대동해 콩나물 해장국집으로 몰려갔다. "콩나물
해장국 괜찮죠?" 묻지도 않고 메뉴를 정한 것도 부족해 난

아내가 남긴 국밥을 그릇째 들고 다 먹어버렸다. 나중에 부서 직원이 말하길 아내와 내가 오래된 연인인 줄 알았단다.

맞선을 본 뒤 처음 만난 사이인 줄도 모르고 아내를 제수씨나 형수님으로 부르며 깍듯이 대한 덕분에 그날 이후 아내는 내 공식적인 약혼녀가 돼버렸다. 마음이 통하자 결혼까지도 일사천리였다. 어머니 환갑 전에 결혼하라는 성화 때문에 맞선을 본 지 3개월 만에 혼인식을 올렸다.

지금 생각해도 어떻게 그렇게 빨리 결혼에 골인했는지 신기할 따름이다. "하도 배짱을 부리기에 뭔가 대단한 사람인가 했어요. 행동은 투박하고 엉뚱했는데 이상하게 끌리더라고요." 상호 수많은 혼사 기회를 마다하고 내 아내가 인생 동반자로서 나를 선택해준 것에 지금도 큰 고마움을 느끼고 있다.

결혼 후 첫 휴가는 아내와 함께 고향인 장성에서 보냈다.
1983년 8월 찍은 사진이다.

"이렇게 주저앉을 수는 없다" 깡으로 줄담배를 끊다

"현실이 불만족스럽다면 변해야 할 건
지금 상황이 아니라 바로 당신 자신이다."

—조 쿠더트—

인생엔 꽃길만 있는 게 아니다. 나를 이어 민선 4기를 채운 집사람이 2010년 6월 민선 5기 선거에서 고배를 마셨다. 선거를 앞두고 온갖 헛소문이 나돌았다.

'유세 현장에서 돈을 뿌리다 걸렸다더라.'
'유두석이 북이면장의 뺨을 때렸다더라.'
'들어오지도 않을 도시가스가 들어온다고 거짓말한다.'

갖은 억측과 유언비어로 인해 억울하게 선거에서 지고 말았다. 700여 표라는 근소한 차이로 패배해 더 억울했다. 나중에 그 모든 유언비어가 사실이 아니라는 게 드러나지 않았던가. 실제로 내게 맞았다는 헛소문에 휘말린 당시 북이면장은 "필요하다면 사실을 밝히는 기자회견이라도 하겠다"라고 내게 제의하기도 했다. 도저히 억울함이 가시지 않아 집으로 돌아와 줄담배를 피웠다.

새벽이 될 때까지 한 갑 반 정도 담배를 피우다 곰곰이 생각하니 이런 식으로 몸을 망가뜨리는 건 못할 짓 같았다. 나와 아내를 지지한 군민들을 위해서라도 훌훌 털고 일어나야 했다. 내가 망가지면 망가질수록 지지자들은 안타까워할 게 아닌가. 또 나와 아내를 억울하게 만든 사람들은 망가진 내게 관심조차 없을 것 아닌가.

내가 다시 군수가 되려고 했던 이유는 몇 가지가 있다. 나를 키워준 고향에 은혜를 갚는 것, 낙후한 고향을 이대로 둘 수 없다는 절박감, 고향의 지속적인 발전을 위해 좋은 후배를 키워야 한다는 사명감이 그것이다. 다음 선거를 위해서라도 더 건강해져야겠다고 마음먹었다. '반드시 재기해 나를 이만큼 키워준 내 고향 장성에 마음의 빚을 갚으리라. 이대로 주저앉지 않으리라.' 그날 이후 소문난 골초였던 나는 더이상 담배를 거들떠보지도 않았다.

나도 생각보다 독종이란 걸 그때 알았다. 담배 없이 하루도 못 살던 내가 하루아침에 금연을 하다니. 우스갯소리지만 담배 끊은 사람과는 말도 섞지 말라는 얘기도 있지 않은가. 담배 끊기가 오죽이나 어려우면 이런 말까지 나왔을까.

금연하기 전까지 나는 "담배 좀 끊으세요"라는 집사람의 성화에도 눈 하나 깜짝 안 했다. "담배 끊고 그 스트레스를 견디느니 차라리 피우는 게 더 건강에 낫다고!"라고 대꾸하며 소신껏(?) 흡연을 즐겼다. 그런데 오롯이 내 의지만으로 담배를 딱 끊은 것이다. 정신 바짝 차리고 세포 하나하나부터 다시 재생해야 한다는 절박감으로 갖고 있던 담배를 모조리 부러뜨려 쓰레기통에 던졌다.

금연 덕분인지 신체 나이도 훨씬 젊어진 것 같다. 주량이 늘어난 걸 보면 그렇다. 사실 나는 술로는 누구에게도 지지 않을 자신이 있다. 세상엔 다양한 술주정이 있다. 말수가 많아지는 사람, 우는 사람, 자는 사람, 이유 없이 시비 거는 사람…. 믿을지 모르겠지만 나는 술 마시고 이런 술주정을 한 번도 부린 적이 없다. 처음부터 정도로 술을 배웠기 때문이다.

난 "건강 비결이 뭐냐", "좋은 거 따로 챙겨 먹는 거 아니냐"라는 질문도 많이 받는다. 하지만 뭘 줘도 먹을 시간도 없고 챙겨 먹는 스타일도 못 된다. 그저 '밥심'으로 산다. 어릴 적 하루 여덟 시간씩 신문을 돌린 덕에 강골이 된 것 같다. 작아도 호두알처럼 단단히 여물었다고나 할까. 지금도 새벽 5시면 일어나 제봉산을 산책하는 것으로 일과를 시작한다. 출근도 걸어서 할 때가 많다. 똑같은 하루라도 시간을 쪼개 쓰면 퇴근 후 친우들과 술 한 잔 마실 여유는 만들 수 있다.

술 얘기가 나온 김에 말하자면 난 혼자서는 술을 마신 적이 거의 없다. 술을 좋아하는 게 아니라 그저 사람들과 함께하는 자리가 좋아서 술을 마시는 것 같다. 사소하다고 여긴 문제가 선거법 위반 논란으로 비화해 재판을 받을 무렵 집에서 혼자 술잔을 기울인 적이 있다. 오후 늦게 재판을 받고 집으로 돌아와 홀로 마시는 술은 사람들과 어울려 마시던 술처럼 달지 않았다. 비통함을 안주 삼은 '혼술'은 쓰디쓴 약을 넘기는 듯했다. '난 지금까지 술을 먹고 싶어서가 아니라 맘이 맞는 사람과 함께하는 술자리를 좋아했던 거였구나. 사람에게 사람이 얼마나 소중한 존재인지….'

불행도 때론 약이다…
엎어진 김에 박사학위를 받다

"삶이 있는 한 희망도 있다."
-키케로-

영국 버밍엄대학교 도시·지역계획학CURS 석사 학위를 받고 귀국한 나는 경원대학교 도시계획학 박사 과정을 밟다 군수 출마를 위해 학업을 중단했다.

당선 후에도 군정에 매진하느라 학업을 이어갈 수 없었다. 엎어진 김에 쉬어간다고 했던가. 군수 자리에서 중도하차한 난 다시 박사 학위를 취득하기 위해 중단했던 학업을 이어갔다. 뭐든 하면 끝은 봐야 직성이 풀리는 성격인지라 '차라리 잘됐다'라고 생각하며 공부에 진력을 기울였다.

지금 생각하면 그때 공부가 군정을 운영하는 데도 큰 도움을 주고 있다. 전 세계 각 도시의 모범적인 도시계획 사례를 수집하고 조사하는 과정에서 장성이란 도시를 어떻게 다시 설계하고 디자인해야 하는지 많은 영감을 얻었기 때문이다. 실의에 빠져 허송세월했다면, 불행을 불행으로만 받아들였다면 결코 발전할 수 없다는 교훈을 되새기는 계기가 됐다.

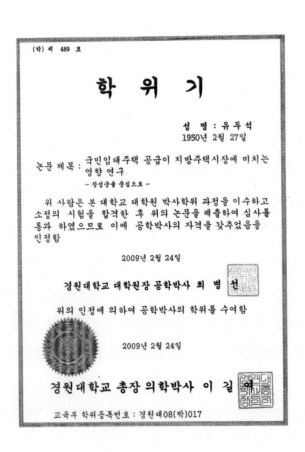

영화 '국제시장'을 보며
눈이 퉁퉁 붓도록 운 사연

"리더란 희망을 나눠주는 사람을 말한다."
−나폴레옹−

남자는 나이가 들수록 여성호르몬이 많아지고 덩달아 감성이 풍부해진다고 한다. 나도 예외는 아닌가 보다.

2014년 민선 6기 군수에 당선되고 나서도 한동안 마음을 놓을 수 없었다. 민선 4기 때도 그랬던 것처럼 사소한 흠이라도 찾아 낙마시키려는 사람들이 있었기 때문이다. 검찰에 불려가고 재판을 받는 과정에서 몸과 마음이 지칠 대로 지쳤지만 군정에선 한 치의 빈틈도 허용하지 않았다. 하늘이 도왔을까. 다행히 법원으로부터 군수직을 계속 수행해도 된다는 판결을 받았다.

쌓인 긴장이 풀린 내게 영화 한 편이 눈에 들어왔다. 제목은 '국제시장'. 평생 가족만을 생각하며 단 한 번도 자신을 위해 산 적이 없는 부모들의 이야기를 담은 영화를 보며 내 내 눈물이 멈추질 않았다. '어쩌면 내가 살아온 인생과 저리 흡사할까.' 일찍 남편을 여의고 9남매를 홀로 키우신 어머니 아래서 고생하던 어린 시절이 생각났다. 학비를 벌겠다고 하루 여덟 시간씩 신문을 돌리던 어린 시절이 영화에 오버랩됐다. 나를 주인공으로 삼았다는 착각이 들 정도로 '국제시장'은 그 시절 소년으로 나를 돌려놓았고 힘들게 오늘의 대한민국을 일군 세대에 대한 존경심이 새삼 느껴졌다. 얼마나 울었는지 영화가 끝나니 눈이 퉁퉁 부었다. 그대로는 밖에 나갈 수 없어 누가 보기라도 할까 봐 한참을 화장실에서 시린 눈을 진정해야 했다.

장성은 '실버복지 1번지'로 불린다. 어르신들에 대한 각종 복지 정책을 완벽하게 구비한 덕분이다. 세월과 함께 나이가 들었을 뿐 누가 뭐래도 어르신들은 오늘날의 우리나라를 힘들게 일군 분들이다. 어머니가 안 계셨더라면 장성군수인 내가 과연 존재할 수 있을까? 그런 측면에서 영화 '국제시장'은 그 어렵던 시절을 땀과 눈물로 버틴 어르신들에 대한

찬가라고 할 수 있다.

그렇게도 정정하시던 어머니가 하루가 다르게 쇠약해지시는 것 같아 마음이 저려온다. "차 조심해라", "잘 먹고 다녀라"라는 따뜻한 잔소리를 계속해서 듣고 싶은 마음이 간절하다. 환갑을 넘긴 아들이 걱정돼 애틋한 잔소리를 하는 마음, 그 마음이 바로 지금의 나를 만들었다고 해도 과언이 아니기 때문이다.

물론 어르신들 못지않게 장성의 아들딸들도 중요하다. 실제로 영화 '국제시장'은 산업화시대 역군들인 어르신들이 자녀 세대를 위해 얼마나 헌신했는지를 그린 영화이기에 내가 우리 후손들에게 번듯한 장성을 물려줘야겠다고 책임감을 다시 새기는 계기가 됐다.

난 아직도 갈 길이 멀다. '옐로우시티 프로젝트'와 '황룡강 르네상스'로 장성 발전의 문을 열었지만 갈 길이 멀기에 마냥 환희에 젖을 수 없다. 우리 장성은 보물이 가득한 곳이다. "하다못해 바다만 있었더라도 장성이 더 발전할 텐데"라며 푸념한 고향사람을 본 적이 있다. 그 사람이 아직도 그런 생각에 사로잡혀 있을까? 아니리라. 잡초만 우거졌던 황룡강이 장성의 보물로 다시 태어나고 축령산이 '치유의 숲'으로 거듭난 데서 알 수 있는 것처럼 우리 장성에는 얼마든지 사람들을 불러 모을 수 있는 보물이 많기 때문이다. 황룡강과 축령산, 백양사, 장성댐을 잇는 관광벨트가 만들어진다면 그 효과는 어마어마할 것이다. 10년 숙원인 국립심혈관센터를 당당하게 유치했듯이 보물이 없다면 만들어서라도 사람들을 끌어야 한다.

2017년 2월 젊은 공직자들의 정책연구모임인 희망프로젝트단과 함께한 사진.

사람들에게
'난 석두, 돌대가리예요'라고
말하는 이유

"유머 감각이 없는 사람은
스프링이 없는 마차와도 같다.
길 위의 조약돌에 닿을 때마다 삐걱거린다."
─헨리 와드비쳐─

장성 사람이라면 날 모르는 사람이 없겠지만 장성군 직원
들이 아니라면 내 업무 스타일과 성격까지 완벽하게 아는
사람은 드물리라. 나를 잘 모르는 사람들을 위해 내 업무 스
타일과 성격을 살짝 공개하자면 난 순간적인 직관능력이 뛰
어난 편이다. 될 것 같다는 판단력이 서면 즉시 추진하는 스
타일이다. 한시도 가만있질 않는 성미라 여유로운 시간을
견디지 못하는 편이다.

그리고 난 메모광이다. '21세기 장성아카데미' 강연 중에
도 한눈팔지 않고 중요한 내용은 바로바로 메모한다. 식사
중에도 기억해야 할 대화가 오가면 휴대폰에 그 내용을 메

모해둔다. 다른 지자체의 모범사례를 담은 기사를 보면 곧바로 직원들에게 문자 메시지를 보내기도 한다. 직원들과 공유하고 싶어서다. 가끔은 메모광인 나를 셀프 디스(스스로 자신을 깎아내리는 것) 하기도 한다.

"메모하지 않으면 잊어버려. 내 이름을 거꾸로 하면 석두인 거 알지? 돌대가리라서 꼭 적어둬야 해. 그리고 남한테 알려주면 더 오랫동안 기억할 수도 있고. 허허허."

유쾌하게 소통하는 걸 좋아해 실없는 농담도 많이 하는 편이다. 직원들이나 군민들이 재밌게 받아주면 신이 나서 가끔은 오버도 한다. 어둔한 내 말투 때문인지 농담을 들어도 부담스럽지 않다는 사람이 많다. 간혹 내 얼굴이 날카롭게 보인다는 사람들도 가끔 있긴 한데 그분들에게 말하고 싶다. "나랑 몇 마디만 나눠보세요. 얼마 안 있어 배꼽 잡고 웃게 해드릴게요. 하하하."

남들이 내 얘기를 듣고 웃으면 왜 이렇게 즐거운지 모르겠다. 진지한 이야기를 주고받는 와중에도 잠깐이라도 상대방에게 웃음을 주고 싶어 가만있지 못한다. 남들을 웃기는 타고난 재주는 없으니 공부를 해서라도 사람들을 즐겁게 해 주고 싶다.

2017년 11월 새마을회 회원분들과 사랑의 고추장 담그기 행사를 가졌다.

長城郡守 俞 斗 金

3부

"옐로우시티 장성의 군수 유두석입니다"

'장성 지도'를 바꾸다
– 황룡강 물길을 틀어 공설운동장을 건립하다

> "구하는 이마다 받을 것이요,
> 찾는 이는 찾아낼 것이요,
> 두드리는 이에게는 열릴 것이다!"
> –마태복음 7장 8절–

장성은 22개 전라남도 시·군에서 공설운동장이 없는 3개 군 중 하나다. 후손들을 위해서라도 번듯한 공설운동장이 절실했다. 인근 광주광역시에서 대형 체육행사가 치러질 때 더 먼 지역의 체육시설에서 분산 경기가 열리는 걸 보면 그렇게 안타까울 수가 없었다. '공설운동장이 있으면 장성에 유치할 수도 있는데….'

민선 4기 때 일이다. 공설운동장을 어디에 짓느냐를 놓고 심각한 고민을 한 적이 있다. 내가 생각한 공설운동장 부지는 장성문화예술회관 인근이었다. 문화·체육 인프라가 집중된 기산리 일원에 지어야 공설운동장의 가치가 더욱 돋보이기 때문이다. 하지만 아무리 생각해도 대규모 체육행사를 유치할 정도로 넓은 공설운동장 부지를 찾을 수 없었다. 스포츠단지 입지에 걸맞지 않는 생뚱맞은 곳에 지을 순 없는 노릇이었다. 도저히 답이 나오지 않던 와중에 체육관 너머 황룡강 물길을 보다 번뜩이는 아이디어가 떠올랐다.

'취암천 물길을 바꾸면 공설운동장 부지를 확보할 수 있지 않을까?'

당시 취암천은 S자로 기형적으로 흐르다 황룡강과 합류했다. 합류 지점이 역류 지역이었던 까닭에 유독 넓은 하구언을 형성했다. 물길을 바꿔 역류지를 활용한다면 꽤나 넓은 땅을 얻을 수 있을 거라는 판단이 섰다. 취암천 물길을 직강화(하천의 물길을 직선으로 바꾸는 것)해 황룡강과 합류하도록 바꾸고 원래 강이었던 역류 지역을 매립하면 공설운동장 부지를 확보할 수 있다는 게 내 구상이었다.

하지만 군수직을 내놓는 바람에 이 구상은 벽에 부닥쳤다. 하천기본계획까지 다 짜두고도 사업을 진행하지 못했다. 민선 6기 들어서야 사업에 착수할 수 있었다. 취암천 물길을 바꾼다는 건 쉽지 않은 공사였다. "그런 대공사가 과연 가능할까요?" 등의 반응이 많았다. 물줄기 방향을 바꾸면 자칫 홍수와 함께 재난으로 이어질 수 있다는 우려도 일각에서 제기됐다. 나 역시 자연이 만든 물길을 보전해야 한다는 생각에 동의한다. 하지만 물길을 바꾸는 게 아니라 원래대로 되돌리는 것이라면? 사실 취암천이 S자로 흐르는 건 좀 이상했다. 기형적인 물길을 바로잡아 하천이 위에서 아래로 자연스럽게 흐르도록 하는 건 자연의 섭리와도 부합한다고 생각했다. 그래서 그대로 밀어붙였다. 전문가의 자문 검토를 거친 결과 실현 가능성이 있다는 판단이 나오자 우리 군은 익산지방국토관리청과 전남도에 수차례 찾아가 취암천 물길을 왜 바꿔야 하는지 설명했다.

공설운동장 건설에서 가장 어려운 과제인 부지 확보가 해결 기미를 보이자 나머지 문제도 막혔던 물꼬가 터지듯 일사천리로 해결됐다. 전라남도로부터 하천 유로 변경에 따른 하천 기본계획 변경 승인을 받고 운동장 건립 부지에 대한 타당성 조사와 건립 기본계획 등 행정절차를 마무리했다. 그 결과 하천 물길을 변경해 2만 9,726㎡(약 9,000평)의 공설운동장 부지를 추가로 확보했다.

우리 군은 2020년 준공을 목표로 황룡강변에 주 경기장과 보조 경기장을 갖춘 7만 6,734㎡(약 2만 3,250평) 규모의 공설운동장을 지을 계획이다. 최신 시설을 갖춘 공설운동장을 완공하면 전국 규모 스포츠 행사를 유치하는 등 스포츠 마케팅 분야에서도 성장을 꾀할 수 있다. 2020년 이후엔 전라남도 민체육대회를 비롯해 대규모 체육행사를 유치할 수 있으리라. 주변에 홍길동 체육관과 수영장을 비롯해 문화·체육 인프라가 집중돼 있기 때문에 시설 집적화로 인한 시너지 또한 매우 높을 것으로 기대하고 있다. 다 떠나 새로 생긴 땅의 가격만 생각해도 놀랍지 않나? 건물 한 채도 짓지 못하는 땅을 황금부지로 탈바꿈해 '장성 지도'를 바꾼 데서 알 수 있는 것처럼 창의적인 생각은 한 지역의 지도를 바꿀 수 있다.

국토교통부 시절 5대 신도시를 건설한 공로로 훈장을 받았던 만큼 도시 건설은 내 주요 경력이다. 이런 경력 덕분에 하천 매립지를 이용한 부지 확보라는 아이디어가 번뜩였으리라. 취암천이 흐르던 곳에 세워진 '공설운동장 부지'라는 팻말을 볼 때마다 흐뭇하기 그지없다.

물론 아쉬운 점도 있다. 민선 5기 때 공설운동장 부지 인근 토지에 실내 수영장이 들어서고 바로 옆 부지도 태양광

시설 자리로 15년간 임대해 버린 것이다. 이로 인해 문화·
체육 인프라를 한 지점에 집중하되 접근성이 좋아야 하는
실내 수영장은 읍내에 짓는다는 내 구상에 차질이 생겼다.
실로 안타까운 일이 아닐 수 없다.

전남메일   2018년 02월 14일 수요일 015면 종

장성 공설운동장 랜드마크 된다

황룡 형상화 복합 체육·문화 공간 …2020년 완공

장성군 공설운동장이 황룡이 비상하는 모습을 형상화한 차별화된 디자인으로 지어진다.

13일 장성군에 따르면 장성읍 기산리에 군민의 복합 문화공간으로 공설운동장을 건립키로 하고 최근 공설운동장 설계 용역 최종보고회를 가졌다.

보고회에서 장성군은 황룡의 비상 시각화·비대칭적인 디자인으로 장성군의 변화 반영·열린 시선으로 장성군의 진보성 표현 등을 공설운동장의 디자인 특징으로 내세웠다.

장성군은 "장성군의 젖줄인 황룡강에 마을 사람들을 수호하는 황룡이 살았다는 전설이 있다는 점을 고려해 공설운동장 지붕을 황룡이 비상하는 모습으로 형상화했다"고 설명했다.

공설운동장은 7만6,734.2㎡의 대지에 건축면적 2,148.88㎡, 전체면적 2,655.85㎡ 규모의 지상 4층 건물로 지어진다. 관람 좌석은 총 5,000석이다.

장성군은 사업비 200억원을 투입해 오는 3월 착공, 2020년까지 완공할 계

장성공설운동장 조감도

획이며 완공후 공설운동장을 복합 문화공간으로도 운영한다는 방침이다.

이를 위해 운동장 최상층에 황룡강을 바라볼 수 있는 전망대를 설치해 북카페 등을 설치하기로 했다.

또 부모들이 자녀를 데리고 나들이 할 수 있도록 키즈카페 형식의 유아 놀이시설도 마련할 예정이다.

이밖에도 댄스스포츠·어린이 발레

·에어로빅·필라테스 등 각종 생활체육 프로그램도 적극적으로 운영하기로 했다.

장성군 관계자는 "공설운동장을 준공하면 주변에 장성문화예술회관 등 문화·체육 인프라가 집중돼 있어 시너지 효과 또한 높을 것으로 기대하고 있다"고 말했다.

/장성=전일용 기자

장성의 미래를 바꿀
'국립심혈관센터'를
마침내 유치하다

"어려운 공적인 일을 먼저 하고
사사로운 일은 나중에 한다.(先難後獲)"
―공자―

우리 군은 2017년 7월 큰 경사를 맞았다. 국립심혈관센
터를 유치한 것이다. 당시 국립심혈관센터 장성 설립은 '광
주·전남 상생과제'로 문재인 정부 100대 국정과제에 선정
됐다.

국립심혈관센터 건립 사업은 33만 500㎡(10만 평) 부지에
산학협력관과 연구동이 포함된 연구센터, 500병상 규모의
연구병원, 메디컬테마파크가 포함된 예방 및 재활센터 등을
갖춘 국가 주도 심혈관 연구 중심지를 짓는 사업이다. 총 예
상 사업비만 3,500억 원에 이르는 어마어마한 규모의 사업
이다. 장성의 미래를 바꿀 수도 있는 대규모 국책사업이란

점에서 국립심혈관센터 유치는 우리 고향에 축복 그 자체라
고 할 수 있다.

  국립심혈관센터를 유치한 이야기를 하려면 10년 전으로
거슬러 올라가야 한다. 우연히 읽은 신문 기고문이 발단이
었다. '돼지 아버지'로 불리는 정명호 전남대학교병원 순환
기내과 교수님이 쓴 글이었다. 정 교수님 별명이 '돼지 아버

우리 군과 함께 국립심혈관센터 장성 유치를 위해 노력하신 정명호 전남대학교 병원 순환기내과
교수님(노란 꽃을 가슴에 단 분)은 2017년 11월 군민 권역별 건강강좌도 해주셨다.

지'인 까닭은 돼지 심장으로 2,000건이 넘는 실험을 진행하는 등 심장 연구에 평생을 바쳤기 때문이다. 정 교수님은 기고문에서 국립심혈관센터를 만들어 전국 대학병원에 있는 권역심뇌혈관질환센터를 총괄해야 한다고 설파했다. 기고문을 읽은 나는 연고도 없는 정 교수님을 무작정 찾아갔다. 그리고 장성에 국립심혈관센터를 유치하자고 설득했다. 명분은 충분했다.

"전남은 고령화가 가장 급속하게 진행되는 지역이라 노인성 질환을 체계적으로 관리할 의료기관이 절대적으로 필요합니다. 장성은 광주광역시 인근에 있는데다 전남과 전북의 중심지에 위치해 전국 어디에서나 쉽게 접근할 수 있는 지역입니다."

나노산업단지, 광주과학기술원, 한국광기술원 등 관련 인프라가 충분하고 힐링 명소인 축령산 편백림을 재활치료·요양 인프라로 활용할 수도 있다고 강조했다. 국립심혈관센터 입지로 장성만 한 곳이 없다는 내 설득에 정 교수님이 공감했다. 내 패기와 진심을 확인한 정 교수님은 국립심혈관센터를 장성에 건립하는 데 힘을 합치기로 했다.

정명호 교수님의 존재감은 남다르다. 한국심혈관스텐트 연구소 센터장인 정 교수님은 협심증 및 심근경색증 등의 관상동맥 질환자를 치료하기 위해 연간 3,000여 건 이상의 관상동맥 중재술을 시행해 국내 최다 시술 실적과 함께 99%의 성공률을 기록한 명의 중의 명의다. 국내를 넘어 세계적으로도 명성을 떨치고 있는 정 교수님은 국립심혈관센터를 유치하는 데 주도적인 역할을 담당했다.

전남 나노바이오연구센터 소장이었던 이재의 전 광주광역시장 비서실장님도 국립심혈관센터를 장성에 유치하는 데 기여한 인물이다. 그는 국립심혈관센터 유치를 나노산업단지(장성군 남면 소재)가 동반성장할 수 있는 절호의 계기로 보고 장성군을 적극 지원했다.

어쨌든 그로부터 꼭 10년이 지난 2017년 드디어 국립심혈관센터를 유치했다. '한 송이 국화꽃을 피우기 위해 소쩍새는', 아니 정명호 교수님과 이재의 전 소장님, 그리고 유두석은 10년 전부터 갖은 노력을 기울였다. 전남대학교병원과 공동으로 국립심혈관센터 건립을 제안한 것을 시작으로 심혈관계 의료기기 국제공동연구 개발 및 투자유치 협약을 체결하고 정책 포럼을 개최하는 등 국립심혈관센터를 유치하기 위해 전방위적으로 노력했다. 충북 오송과 대구에는 첨단의료복합단지가 있지만 호남에는 의료 클러스터가 없는 만큼 지역 균형발전 차원에서 호남에 국립심혈관센터를 설립해 전국에 '의료 삼각벨트'를 형성해야 한다고 정부에 강하게 요구하기도 했다.

특히 나는 제19대 대통령선거가 국정농단 사태로 인해 조기에 치러질 움직임을 보이자 2017년 2월 22명의 각 분야 전문가로 국립심혈관센터 추진위원회를 재구성했다. 강신영 국립광주과학관 관장님이 추진위원회 위원장을, 정명호 교수님, 박노원 당시 장성군 부군수(현재는 김영권 부군수)가 부위원장을 맡았다. 신용진 조선대학교 교수님, 김인수 전남대학교병원 심혈관센터 팀장님, 이병하 광주과학기술원GIST 고등광기술연구소장님, 김준헌·손익부·엄태중 GIST 고등광기술연구소 연구원님, 이기홍 전남대학교병원 순환기내과 교수님, 이재의 전 전남 나노바이오연구센터 소장님, 조상기 광주기독병원 부장님, 유봉현 전남일보 기자님, 김회식 장성군의회 부의장님, 이상옥 장성군 주민복지과장을 비롯해 각계각층의 인사들이 추진위원회에 포함됐다. 이들과 매주 회의를 열며 유치 방안을 논의했다. 정명호 교수님과 나는 당시 유력 대선후보들을 면담해 국립심혈관센터를 장성에 설립해달라고 건의하기도 했다. 아내인 이청 전 장성 군수도 유력 대선후보의 사모님을 따로 면담해 국립심혈관 센터 장성 유치를 건의했다.

국립심혈관센터를 건립하면 사회·경제적으로 막대한 편 익이 예상된다. 국립심혈관센터 추진위원회 용역보고서에 따르면 전체 뇌심혈관질환의 연간 사회·경제적 추산 비용 은 약 12조 8,300억 원이고, 흡연율·비만율 감소, 운동률 증가 등 뇌심혈관질환 위험요인 경감만으로도 연간 5,624 억 원, 고혈압·당뇨·고지혈증 유병률 감소로는 연간 2,783 억 원의 경제적 비용을 절감할 수 있다.

고혈압이나 당뇨는 중년층에게도 흔한 질병이 됐고, 노년 층에 빈번한 뇌출혈, 뇌경색, 치매 등의 질환은 한번 걸리면 엄청난 의료비 부담으로 인해 건강뿐 아니라 가정 경제까지 위협하고 국가 경제에도 큰 부담을 안긴다. 이제는 공공의 영역에서 국민 부담을 줄이는 노력이 필요하다. 국립심혈관 센터가 앞으로 이렇게 막중한 역할을 맡을 것이다.

나라 안팎에서 환자와 가족들이 장성을 찾게 돼 장성에도 엄청난 경제적 파급 효과가 있을 것으로 보고 있다. 뇌심혈 관질환은 퇴원 후에도 장기간 재활치료나 요양이 필요하기 에 일반 병원보다 파급 효과가 클 것으로 기대하고 있다.

의료기술·요양 인프라까지… 심혈관질환 '컨트롤타워'

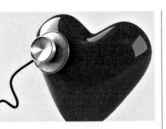

심근경색, 부정맥, 협심증 등 심혈관계 질환은 암 다음으로 국내 사망원인 2위다. 돌연사의 가장 큰 원인이기도 하다. 불규칙한 식사와 생활습관, 흡연과 음주가 잦은 현대인들에게 가장 두려운 질환 중 하나일 수밖에 없는 이유도 여기에 있다. 시간이 생명인 탓에 '골든타임' 이 가장 중요한 질환 역시 심혈관계다. 하지만 안타깝게도 국내 심혈관계 질환 의료 구조는 진료 위주의 병원 단위 운영이 대부분이다. 한국형 심혈관계 질환을 전문적으로 연구하고 컨트롤하는 국립센터도 없다. 이에 장성군과 전남대병원은 지난 2007년부터 장성에 국립심혈관센터를 건립해야 한다고 주장했다. 고급 의료 인력과 기술은 물론 교통, 휴양·요양 여건까지 갖춘 최적지임을 강조했다. 마침내 국립심혈관센터 장성 설립은 문재인 대통령 선거 공약에 이어 새 정부 100대 국정과제에 포함됐다.

국정운영과제

국내 질환별 사망률 암 이어 두번째 등극
흔하고 강력한 질환 불구 국립센터 전무
선진국 상당수 국가주도 질환 관리 강화
장성군-전남대병원 10년 유치 구슬땀
마침내 文 정부 100대 국정 과제 포함
한국형 공공의료로 '하트 세이버' 기대

국립심혈관센터 예정부지

◆ 국토균형발전·입지요건 우수

장성군과 전남대병원은 지난 2007년부터 정부에 국립심혈관센터 장성 건립을 주준히 건의했다. 국내 최대 국립센터로 지출되는 사회·경제적 비용은 연간 13조원에 육박, 국립심혈관센터 같은 첨단의 국립심혈관센터 설립이 필요하다는 주장이다.

그럼에면 '왜 장성이어야 하는가, 장성과 전남대병원은 국토 균형발전 측면에서의 당위성을 강조했다. 지역 균형발전을 국가 정기건으로 하는 문재인 정부가 호남(장성), 충청(오송), 경상(대구)을 첨단의료복지로 삼아자원을 조성해야 한다는 것이다.

의료 단계 클러스터가 미비한 호남에, 그 중점성을 국립심혈관센터를 건립하는 일이 그 시작이라고 주장해 왔다.

더욱이 장성 남단 나노산업단지 호남의 중심이자 광주와 인접해 있어 접근성이 뛰어난 강점도 가지고 있다. 광주과학기술원과 한국광기술원에 위치한 광주연구개발특구에 국립심혈관센터의 최적 계획을 공식화하고 있다.

축령산 편백림을 활용한 휴양·요양·재활

인프라까지, 국립심혈관센터 입지로 최고 강점미다는 평가다.

◆ 고급 의료 기술·인력 확보

무엇보다도 국립심혈관센터가 장성에 건립돼야 하는 가장 큰 이유는 순환기 내과분야의 세계적 권위자인 정명호 전남대병원 교수의 존재감 덕분이다.

정 교수는 일찌감치 국립심혈관센터를 남녘, 장성군에 유치해야 한다고 주장했다. 국립심혈관센터가 위치한 광주 연구개발특구 첨단의료산업, 나노산업단지 등과 동시에 사업을 추진하며 파급력을 키울 수 있다고 강조했다.

◆ 10년 숙원사업 현실로

문재인 정부 인수위원회 역할을 맡았던 국정기획자문위원회의 '국립심혈관센터 장성 건립'에 당위성을 설파하면서 당시 장성군수였던 유두석 현 군수는 지난 2007년 정 교수를 찾아갔다. 그렇게 장성군과 전남대병원은 손을 잡고 국가 주도 심혈관 연구 중심의 국립심혈관센터의 정치계획을 공식화했다.

장성군은 국립심혈관센터가 들어서면 사회·경제적으로 막대한 경제적 편익이 있을 것으로 보고 있다.

국립심혈관센터 추진위원 용역보고서에 따르면 전체 뇌심혈관질환의 연간 사회·

경제적 추산 비용은 약 12조3천300억원, 흡연율·비만율 감소, 운동량 증가 등 뇌심혈관질환 위험요인 경감만으로도 연간 5조6억원의 비용 감소·고지혈증 유병률 감소로는 연간 2조783억원의 경제적 비용을 아낄 수 있다고 조사됐다.

이와 함께 장성군은 국제와 어서 환자와 가족들이 장성을 찾게 돼 막대한 경제적 파급 효과가 있을 것으로 보고 있다. 특히 뇌심혈관질환의 특성상 퇴원 후에도 장기간 재활치료나 요양이 필요하여 이에 알맞은 병원보다 파급 효과가 클 것으로 전망된다.

고용 창출도 예측된다. 장성군은 국립심혈관센터를 유치하면 의료 및 연구 등 인력 7000여명을 집적하면 2천여명의 고용효과가 있을 것으로 보고 있다. 이는 장성군 인구(약 4만7천명)의 4.2%다.

또 장성군은 심혈관질환 진단기기, 기능성 스텐트, 심혈관질환 치료용 마이크로 로봇, 심혈관질환 치료용 의약품 등 첨단의료산업이 지역 발전을 견인할 것으로 보고 있다.

장성군은 국립심혈관센터 연구유역 추진, 법안 처리, 예산 확보 등을 위해 전남도와 함께 심혈관센터 건립추진위원회를 구성하는방안을 검토하고 있다. 이와 함께 정책 포럼, 심포지엄 등을 통해 여론을 형성해 나아갈게다. 또 90억원(예상 사업비)을 투입해 건강증진센터를 확장해 치유숲길, 대화소, 주차장, 임공욕장, 풍욕장, 멀티플렉스센터 등을 조성하는 '축령산 편백슾 공간 재창조' 도 사업을 벌인다.

추진위원기자 dod850@gmail.com
장성=전일군구기자 dtrtx@hanmail.net

유두석 장성군수

"한국인 심혈관 건강 메카로 우뚝"

"2007년이었습니다. 의료 인력·기술은 물론 연구 인프라와 치유·휴양 조건까지 갖춘 장성군이라는 알로 의료 국책 사업 중심지로 각광받아야 한다고 주장하던 정명호 교수와 만난 것이 10년 이상으로 만났습니다. 국립심혈관센터 장성 설립을 주장하기 10년, 마침내 이뤄냈습니다. 전남대병원과 전남도·광주, 무엇보다도 장성군민들의 성원과 자긍심을 힘이 컸습니다."

문재인 정부 100대 국정과제 속 '국립심혈관센터 장성 설립' 을 이뤄낸 1년 주역, 유두석 장성군수는 "한 곳만 바라보고 함께 달려온 모든 이들의 노력 대분"이라며 공을 아렸다.

지난달 19일 오전 장성군청에서 만난 유두석 군수는 장성의 10년 염원이었던 국립심혈관센터 중심지가 바로 장성군이 되기까지의 과정과 각오를 '하트 기부미'로 담았다. 유 군수의 적극적인 반응을 숨기지 않으면서도 '시작은 희망했지만 무거운 책임감도 느낀다' 며 고무적인 반응을 숨기지 않으면서도 '시작은 희망했지만 무거운 책임감도 느낀다'는 신중한 태도도 유지했다.

국가 주도 심혈관센터 최적지
의료 기술·인력·치유 '원스톱'
"함께 달린 군민·공직자 감사"

유두석 장성군수는 "전국 11개 권역별 심혈관질환센터 컨트롤타워로 국가 주도 심혈관 연구 중심지가 바로 장성군이 되다는 것이 얼마나 뜻깊은 일인가"라며 "지난 2007년 군수 재임 당시부터 추진했던 심혈관센터의 10년만의 유치 성과는 장성의 미래를 바꿀 터닝포인트"라고 자평했다.

현정 사상 유례없는 국정 농단에 이은 촛불정국, 그리고 국민의 힘으로 태어난 새정부 들어서 무엇 기다리던 지난 2월, 유두석 군수는 지역구 국회의원이 이재포 의원과 한동안 추진했던 속도를 내지 못했던 국립심혈관센터 실무역원을 재구성했다.

앞서 이 사업을 유례없는 선거공약으로 내세운 바로 이제 의원은 누구보다 적극적으로 사업 추진에 동하기 시작했고 실무위원들은 매주 회의를 개최하는 "왜 장성이어야 하는가"에 대한 방안 수립 '하트 로테 기부미다'. 당시 문재인 더불어민주당 대통령 경선 후보를 직접 면담하며 국립심혈관센터 장성 설립의 건의했다.

이 같은 노력에 힘입어 문 대통령의 '광주·전남 3대 상생공약'으로 재채된 데 이어 문재인 정부 100대 국정과제로서 선정했다.

유 군수는 "저질로 되는 일은 어디 있겠습니까. 장성군수인 저는 물론이거니와 국립심혈관센터 장성 건립을 처음부터 함께 주창한 은 정명호 전남대병원교수와 교육, 이개호 의원과 더불어민주당, 전남도와 광주시, 우리 군 전체가 한 마음 한 뜻으로 최선 한 결과입니다"라고 말했다.

유두석 군수는 또 '노령산맥권 휴양·치유벨트' 사업을 통해 장성군이 개발공로 축령산도 주목해야 한다고 했다.

그는 "축령산을 기반으로 한 그 자체로 휴양·치유를 주제로 한 관광자원일 뿐만 아니라 국립심혈관센터와 연계한 재활치료·요양 시설로도 각광을 얻을 것"이어가며 "장성군이 겉과 속을 맞추 됐다고" 고 말했다.

추진위원기자 dod850@gmail.com

'치유의 숲' 축령산은 장성의 보물… '치유도시'의 꿈이 영근다

"나는 남들보다 똑똑한 게 아니다.
단지 더 오래 문제를 연구할 뿐이다."
—아인슈타인—

축령산은 장성의 보물이다. 장성군의 대표적 명산인 축령 산은 2010년 산림청으로부터 '치유의 숲'으로 지정됐다. 인 공림으로는 전국 제일이고 편백나무 개체 수가 가장 많은 숲이다. '태백산맥', '내 마음의 풍금', '쌍화점', '왕초', '태왕 사신기', '각시탈' 등 다양한 영화·드라마의 배경으로 삼을 정도로 그 풍경이 아름답고, 축령산의 명물인 편백나무는 스트레스·우울증 해소에 효과가 탁월한 피톤치드를 다량 발산한다.

장성은 전국에서 공기 질이 가장 좋은 지역으로 꼽힌다. 전라남도산림자원연구소와 국립산림과학원이 2012년 전국

68개 산촌마을의 대기청정도를 분석한 결과 장성군의 대기 중 오존농도가 전국에서 가장 낮았다. 장성 공기가 이처럼 건강한 건 축령산의 피톤치드가 공기 중 유해물질을 제거한 덕분이라는 분석도 있다. 2016년 축령산 일대는 중소기업청으로부터 '편백힐링특구'로도 지정되며 그 가치를 인정받았다.

  국유림 확대 정책으로 인해 축령산 대부분이 국유화가 됐다. 정부가 소유자로부터 해당 임야를 사들였기 때문이다. 축령산의 발전 가능성을 눈여겨보고 있던 나는 민선 4기 군수로 취임한 지 3개월 만에 당시 산림청장님을 면담했다. 나라가 사들인 축령산을 매입하기 위해서였다. 국가가 매입한 것이라곤 하지만 우리 군을 상징하는 명산인 축령산이 넘어가는 걸 가만 보고만 있을 순 없었다. "군민들과 함께 국채 보상 운동이라도 할 테니 그 땅을 다시 장성군에 파십시오." 민선 3기 시절 산림청이 축령산 일부를 매입할 때 당시 장성군의회 의원이었던 김재완 군의회 의장님이 군비로 축령산을 매입하자고 건의하기도 했다. 하지만 산림청장님은 국유림 비율을 임업선진국 비율로 높이는 게 국가 방침이라는 이유로 난색을 표시했다. 애가 탄 나는 "그렇다면 산림청이 소유권을 갖되 관리권은 우리 군이 보유할 수 있게 해달라"라고 제안했다. 산림청장님은 그 심정은 십분 이해하지만 현실적으로 불가능하다는 답변을 내놨다. 축령산 일부가 국유화된 건 두고두고 아쉬운 일로 남아 있다.

전국 최대 규모 편백 조림지로서 축령산은 장성의 축복이다. 앞에서도 말했듯이 우리 장성에는 국립심혈관센터가 들어선다. '광주·전남 3대 상생 공약'이자 100대 국정과제로서 여러 입지 조건 때문에 나노산업단지 인근에 설립하지만, 내 꿈 중 하나가 축령산에 국립심혈관센터 분원을 만들어 치유 및 재활 기능을 담당하게 하는 것이다. 뛰어난 힐링 기능을 갖춘 축령산에 국립심혈관센터 분원을 건립해 운영하는 방법으로 국립심혈관센터와 축령산을 연계하면 축령산의 위상은 상상할 수 없을 정도로 높아질 것이다.

독일 최고의 치유 마을로 알려진 바트 뵈리스호펜만 봐도 알 수 있다. 이곳에 있는 숲의 치유 기능이 널리 알려지면서 하루 4,000여 명이 방문하는 힐링 관광지가 됐다. 장성도 언젠가는 바트 뵈리스호펜 못지않은 치유 도시가 될 것이라고 기대하고 있다. 국립심혈관센터, 그리고 축령산과 백양사, 그리고 황룡강이 있는 만큼 결코 불가능한 꿈이 아니라고 생각한다.

독림가 춘원 임종국 선생이 가꾸신 전국 최대 편백나무 인공조림지 축령산.

'치유의 숲' 축령산의 산소숲길을 찾은 사람들이 산림욕을 즐기고 있다.

"융복합 산업화로 편백·힐링 메카로 도약"

'글로컬 시대' 광주·전남 향토지원 지역특구가 답이다

〈4〉장성 편백힐링특구

최근 웰빙과 건강에 대한 관심이 높아지면서 편백에 대한 관심이 어느 때보다 뜨겁다. 특히 편백나무에서 나오는 피톤치드가 스트레스 해소와 아토피 치료 등 다양한 효과가 있는 것으로 알려지면서 각광을 받고 있다. 이런 편백 열풍 속에서 전국 최대 편백 조림지인 장성이 주목을 받고 있다. 국내 대표적인 편백숲인 장성 축령산은 지난 2010년 산림청의 '치유의 숲'으로 지정된 이후 전국 최고의 인기 코스가 됐다. 장성군은 지난해 지역특화발전특구 지정을 계기로 편백과 힐링의 메카로 부상하기 위해 고품질 편백 생산과 편백 융복합 산업화 등 다양한 육성정책을 펼치고 있다. 하지만 대부분의 편백 관련 업체들이 열악한데다 관련 제품도 많지 않아 경쟁력 확보와 다양한 제품군 개발 등이 요구된다. 여기에 특구 활성화를 위한 추가적인 국비 투입 등 정부의 지속적인 관심과 지원이 절실하다는 지적이다.

'치유의 숲' 축령산 연 100만명 찾는 전국 명소로

지난해 말 특구 지정 … 군, 고품질 편백 생산 등 나서

주민 소득 증대·일자리 창출 등 지역경제 활성화 기대

"관련 업체 경쟁력 확보와 다양한 제품군 개발 시급"

◆ 장성 편백산업 현황

장성군에 따르면 장성의 산림 면적은 총 317.9㎢(3만1천790㏊)로 전체 면적 518.3㎢의 61.3%를 기록했다. 이중 편백나무, 삼나무 등 조림수림은 전체 산림 면적의 67%인 2만1천405㏊를 차지하고 있다. 우리나라 편백수림은 지역별·단위별로 조림 면적이 적고, 지역별로 편중된 분포를 보이고 있으며, 주로 제주도와 내륙 해안가에 집중돼 있어 식재돼 있다.

장성군은 지난 1970년부터 북하면, 서삼면 일대에 대단지 용산리 조성 사업을 시작하는 등 편백 숲 조림 사업을 지속적으로 추진하고 있다.

전국 편백 육묘 생산량은 16만555㎡, 용재 생산량은 181억3천100㎡인데, 이 중 장성군 편백 용재 생산량은 2만2천345㎡, 육재 생산액은 9억1천400만원으로 전국 대비 14%와 5%를 차지하고 있다. 이는 간벌 위주의 편백 숲까기 생산되고 상대적으로 생산액 비율이 낮기 때문이다.

2014년 말 현재 전남도 편백 면적은 6만8천㏊로 전국 대비 57%를 차지하고 있다.

지역별로는 순천시가 7천800㏊로 가장 많고, 이어 강진 8천600㏊, 보성군 5천700㏊, 화순군 4천900㏊, 장흥군 4천600㏊ 등으로 나타난다.

장성 축령산은 우리나라 최고의 조림 성공지로 각광받고 있다. 축령산은 생명의 숲가꾸기 운동본부 시민단체에서 '224회기를 위해 보전해야 할 아름다운 숲'으로 선정됐으며 치유숲, 삼림욕장, 숲체험장 등이 조성돼 연간 100만 명이 찾고 있다.

◆ 군, 편백산업 육성책 추진

전국 최대 규모 편백조림지인 장성 축령산이 앞세운 지난해 12월 편백과 힐링을 연계한 지역특화발전특구로 지정됐다.

장성군에 따르면 특구인 '편백힐링특구'는 축령산을 중심으로 장성군 서삼면 모암리 일대 약 352㏊가 해당되며 올해부터 2021년까지 5년 동안 국비 70억을 포함한 총 사업비 150여이 투입된다.

군은 ▲고품질 편백 생산 및 힐링 기반조성 ▲편백 융복합 산업화 ▲편백 경쟁력 강화 및 고부가가치화 ▲편백 마케팅 활성화 등 4대 편백 육성 전략으로 나눠 편백을 기반으로 한 13개의 세부사업을 추진할 계획이다.

세부사업별로 살펴보면 고품질 편백 생산 및 힐링 기반조성 분야에서는 산림휴양시설 조성 및 관리, 편백 특화림 조성사업, 편백 가꾸기 사업이 추진되고 편백 융복합 산업분야에서는 편백숲 치유마을 특화사업, 편백 힐링 프로그램 운영, 축령산 산림휴양단지 조성 및 관리, 산림 소득증대 사업이 실시된다. 또 편백 경쟁력강화 및 고부가가치화에서는 목공예기업 육성사업, 편백제품 R&D 사업 및 품질인증사업, 목재산업시설 현대화사업이 진행되고 편백마케팅 활성화를 위해 장성 편백 힐링축제 운영사업, 장성 편백 홍보·센터 구축 운영, 편백제품 수출기반 구축사업이 추진된다.

편백나무에서는 피톤치드가 많이 나온다.

피톤치드는 사람의 마음을 안정시키고 면역력을 강화시키는 건강 증진 효과 뿐만 아니라 공기를 정화하고 나쁜 냄새를 제거하는 소취 효과, 각종 벌레와 병원균을 죽이는 항균·방충 효과가 있다.

◆ 관련 업체 요구와 활성화 방안

장성군 편백 관련 사업체는 20여개 에 불과하며 대부분 규모가 영세한 것으로 나타나 경쟁력 확보와 다양한 제품 개발 등이 시급하다는 지적이다.

장성군 편백 관련 사업체 설문 조사에 따르면 자본금 규모별로 응답한 11개 사업체의 평균 자본금은 1억 5천500만원, 평균 직원 수는 5.5명, 작업장 규모는 198평(60㎡)으로 나타나는 등 대부분 영세한 것으로 조사됐다.

2014년 평균 매출액도 2억5천400만원에 그쳤다.

이들 업체별 장성편백사업 관련 애로 사항은 설비투자(36.4%)가 가장 필요요청과 마케팅 및 판로화(18.2%), 자금조달(18.2%) 등의 순으로 나타났다. 현재 판매하고 있는 품목은 추출물, 추출액, 정유추출액, 향료원료 36.4%로 가장 많았으며, 베게, 침대, 편백 구슬 등의 순으로 나타났다.

전문가들은 "장성은 전국 최대 규모의 편백 조림지와 농산촌의 1차와 2차 산업, 휴양·관광 등 3차 산업이 어우러진 성장 잠재력이 높은 곳"이라며 "이번 특구 지정을 계기로 다양한 편백 기업육성과 유휴 프로그램 개발 등 편백 산업 경쟁력 확보에 적극 나서야 할 때"라고 주장했다.

글·사진=박태준기자 hela2000@naver.com
주현성기자 doit8600@gmail.com

장성 축령산 편백나무숲.

"특구 활성화 위해 추가적인 국비 투입 필요"

유두석 장성군수

"장성이 전국 최고의 편백과 힐링 중심지로 도약하기 위해서는 특구 지정 이후 정부의 지속적인 관심과 지원이 필요하다고 생각합니다."

유두석 장성군수는 "장성 편백 숲은 장성군 서삼면 모암리에 위치한 국유림으로 '204회' 국토 녹화 위업'을 빛낸 인물로 선정된 춘원(春園) 임종국 선생이 지난 1950년대 후반부터 1970년대 중반까지 20여 년 동안 조성한 숲"이라고 설명했다.

유 군수는 "장성은 전국 최대 규모의 성공적인 편백 조림인 1, 2, 3차가 어우러진 풍부한 발전 여건 및 환경을 갖추고 있고 신촌종합개발사업, 신립육성조성사업, 편백향토산업육성사업, 축령산 산소축제

등이 정상적으로 추진되고 있다"며 "이런 기반을 바탕으로 지역주민 소득 증대 등 지역경제 활성화를 위해 특구 지정에 나섰다"고 말했다.

유 군수는 특구 활성화를 위해 "고품질 편백 생산 및 힐링 기반 조성, 편백 융복합 산업화, 편백 경쟁력 강화 및 고부가가치화, 편백 마케팅 활성화 등 4대 핵심전략을 추진하고 있으며 연계 전략으로는 장성3대 편백숲과의 연계를 통한 특구지정 효과 극대화, 장성 엘로우시티 사업과의 연계화, 반전, 조미료 향토산업육성사업과의 연계화, 장성군과 국립심혈관센터 설립과 연계한 축령산 치유산업 조성에 나서고

있다"고 강조했다.

하지만 유 군수는 "특구 육성은 단순히 장성군만의 일이 아니다."며 "편백 특구 활성화와 관련, 정부의 적극적인 검토와 유관기관, 관련 사업자, 주민들, 전문가의 관심과 참여가 필요하다"고 말했다.

유 군수는 "이번 특구 지정으로 관련 법규상 규제 완화가 됐지만 기존 사업 활성화를 위해서는 추가적인 국비 투입이 중요하고, 신규 사업 발굴을 위한 정부의 지속적인 관심과 지원도 요구된다"고 지적했다.

박태준기자 hela2000@naver.com

이 취재는 지역신문발전기금을 지원 받았습니다.

아름다운 귀향, 그 뒷이야기

늦었다고 생각한 순간에도
포기하지 않는 게
지도자 덕목 중 하나

"희망이란 깨어 있는 꿈이다."
-이언-

난 민선 6기 군수로 취임한 지 6개월이 지난 2015년 1월 '농협중앙회에서 건립하기로 확정한 호남권 농협물류센터 사업을 중단한다'라는 파격적인 결정을 내렸다. 농협중앙회 물류센터 및 호남권비축기지 건립 사업은 민선 5기 때 추진된 사업이다. 약 13만 2,000㎡(약 4만 평) 부지에 1,200억 원을 투입하는 사업인데, 농협중앙회라는 거대 기관과 전쟁을 선포하는 결정을 한 것이다. 전임 군수가 추진한 사업을 전면 중단하는 건 엄청난 정치적 부담을 안아야 하는 일이다. 어쩌면 무모하기까지 한 결정이었다.

하지만 난 당당했다. 오로지 군민과 장성의 미래만 보고 내린 결정이었기에 거리낄 게 없었다. 내가 사업 중단을 결정한 이유는 해당 사업이 농협중앙회만 일방적으로 수익을 얻는 구조였기 때문이다. 더욱이 계약 내용을 보면 우리 군이 군민을 위해 사용해야 할 15억 원에 가까운 군비로 도시계획을 변경해 주고 진입도로까지 개설해 줘야 했다. 누가 봐도 이상하지 않은가? 안 그래도 장성군은 재정자립도(2017년 현재 8.7%)가 낮은 편인데 거대 중앙조직이 '벼룩의 간을 빼먹는 처사'가 아닐 수 없다. 그래서 우리 군에도 실익이 있어야 한다는 강력한 원칙을 내세우며 '사업 전면중단'이라는 극약 처방을 내린 것이다.

파격적인 결정인 만큼 파장이 만만치 않았다. 원래 취지를 감안하지 않고 나를 비난하고자 하는 의도를 가진 몇 분이 때를 만난 듯이 비판하기도 했다. 오래도록 논란이 이어진 끝에 농협중앙회가 재협상을 요청해 왔다.

난 민선 6기 시작 전 이미 80% 이상 토지보상이 진행돼 타 부지로 이전이 어려운 점을 감안해 해당 부지에 계획대로 건립하되 수혜자인 농협중앙회와 aT센터가 도시계획 변경 용역비(3억 8,000만 원)와 진입도로 개설비(11억 원) 등 총 14억 8,000만 원을 부담해야 한다고 다그쳤다. 현금 부담이

어렵다면 우리 군민이 수용할 수 있는 대안을 내놓으라고 강력히 요구했다.

재협상 끝에 농협중앙회는 해당 부지에 계획대로 물류센터를 건립하는 조건으로 10억 원을 들여 장성군에 배정된 애프터(APTERR: 한국·중국·일본 및 아세안의 비상 쌀 비축기구) 쌀을 비축하는 저온창고 시설을 짓겠다고 약속한 건 물론 8개 농협에 10억 원씩 총 80억 원의 무이자 자금을 지원하기로 했다. 또한 aT센터는 남면농협 로컬푸드 판매장 신축 사업에 2억 1,000만 원을 국비 지원하겠다고 했다. 더불어 애프터 쌀을 장성군에 우선 배정함으로써 1억 7,000만 원가량의 추가 이익을 얻을 수 있었다. 농협중앙회는 물류센터 기능도 장성에 유리하도록 바꾸겠다고 했다. 농산물 선별·소포장 시설을 확장해 장성 농산물을 우선 수용하기로 한 것이다.

이렇듯 늦었다고 생각한 순간에도 포기하지 않고 최상의 대책을 찾아내는 것이야말로 지도자의 마땅한 자격 중 하나라고 할 수 있다. 그래도 그 땅의 가치를 생각하면 지금도 안타깝다. 해당 부지는 조선시대 때 읍이었던 성산과 장성읍 사이에 위치해 있다. 장성의 노른자위이자 선조들이 아껴둔 중요한 땅이다. 향후 광주의 배후도시 기능을 담당하는 대단위 주거단지로 활용하거나 학교나 연구소 등 성장 동력의 공공용지로 활용이 가능한 양질의 부지로서 성산의 옛 명성을 찾아줄 수도 있었다.

정말 아깝기 그지없는 땅이다. 접근성만 놓고 보더라도 이미 고속도로와 철로 및 기반시설을 확보한 서삼 복합화물 터미널 인근이 농협물류센터 최적지임에도 창고형 물류센터가 여기에 들어선 점은 두고두고 안타깝다.

농협중앙회와 치열한 협상 끝에 문을 연 농협 로컬푸드 직매장.

못내 아쉬운
KTX 장성역 정차의 골든타임…
지금은 심폐소생 중

"자원은 그 자원을 가장 효율적으로
사용할 수 있는 사람들의 손에 들어가야 한다."
-워렌 버핏-

골든타임이라는 게 있다. 사건사고가 발생할 때 인명을 구조할 수 있는 금쪽같은 시간을 뜻한다. 심폐소생술은 상황 발생 후 최소 5분에서 최대 10분 안에 시행해야 하는데 이 시간이 바로 골든타임이다. 항공기 안에서 비상상황이 발생하면 승객들을 긴급하게 탈출시켜야 하는 항공사의 골든타임은 90초다. 사람들의 목숨을 좌지우지할 수 있는 절체절명의 시간이 골든타임인 셈이다. 적기에 대응하지 않으면 원래 상태대로 되돌리기 힘들다는 점에서 골든타임이 얼마나 중요한지 짐작할 수 있다.

KTX 장성역 정차 문제는 골든타임의 중요성을 웅변하는 사례다. 2015년 호남선 KTX가 개통하면서 하루 22편(상행 12회, 하행 10회)씩 장성역에 정차하던 KTX가 장성역에 서지 않게 됐다. 신설된 호남고속철도 노선(충청북도 오송역~광주광역시 송정역)이 장성역을 경유하지 않아 더 이상 장성에서 정차하지 않게 된 것이다.

난 KTX 장성역 정차 문제에 대해 누구보다도 할 말이 많다. 원래 장성에는 KTX가 하루 여섯 번밖에 서지 않았다.

2016년 4월 주민 대표들과 함께 국토교통부를 방문해 KTX 장성역 정차 건의서를 제출했다.

난 민선 4기 군수로 출마하면서 정차 횟수를 두 배로 늘리겠다고 약속했고 이를 실행에 옮겼다. 철도청을 설득해 하루 22편씩 정차하게 만든 것이다. 장성으로선 크나큰 경사나 다름없는 성과였다. 그런데 신 노선이 개통되자 이 같은 성과가 말짱 도루묵이 되고 말았다. KTX가 한 대도 서지 않게 됐으니 도루묵보다 못한 결과라고 할 수 있다. 어쩌다 이렇게 황당한 일이 벌어졌을까. 하루아침에 장성에서 KTX를 타지 못하게 된 우리 군민들의 상실감은 대체 어찌할 것인가.

신 노선이 건설될 때 철로에 드러눕는 필사의 각오로 KTX가 구 노선을 거쳐 장성역에 정차하도록 보장받았어야 했는데 골든타임을 놓쳐버린 것이다. 신 노선 건설 당시 KTX 장성역 정차에 직간접적으로 책임을 져야 하는 분들은 입이 열 개라도 할 말이 없는 셈이다. 실제로 장성읍에서 택시를 운전하는 분들은 당시 장성군 행정과 관련돼 있는 사람들로부터 당연히 KTX가 장성역에 정차할 것이라고 들었다면서 망연자실한 심정을 전하기도 했다. 골든타임을 별다른 조치 없이 놓친 바람에 앞으로 얼마나 많은 노력과 에너지를 소모해야 할 것인가.

현재 장성군민과 상무대 군인은 물론이고 그들의 가족과 방문객들은 KTX를 타기 위해 광주광역시 송정역이나 전라북도 정읍역까지 가는 불편을 겪고 있다. 이들뿐인가. 장성역을 KTX 거점역으로 이용하던 첨단지구를 비롯한 광주광역시 일부 지역과 영광군, 담양군의 주민들까지 불편을 겪고 있지 않은가. 또 지역경제는 어떤가. 장성역에 KTX가 더 이상 서지 않게 되면서 장성역 주변 상가들이 막대한 경제적 피해를 입고 있지 않은가.

2016년 5월 국회를 방문해 KTX 장성역 정차의 당위성을 설명했다.
왼쪽이 이개호 국회의원님, 오른쪽이 강호인 당시 국토교통부장관님이다.

KTX 정차 문제는 주민생활은 물론이고 지역경제와 직결돼 있다는 점에서 넋 놓고 있을 수 없었다. 사실 그동안 KTX 정차 문제를 해결하기 위해 나는 많은 노력을 기울였다.

민선 6기 군수로 취임한 뒤 6개월이 지났을 때의 일이다. 광주지방법원은 2015년 1월 16일 1심 재판에서 나에 대해 공직선거법 위반 혐의로 징역 10월에 집행유예 2년을 선고했다. 당선무효형이었다. 형이 확정되면 군수직을 유지할 수 없었다. 재판 과정을 지켜본 지인들이 마음을 달래주려고 술을 마시자고 했지만 모두 거절했다. 누군가와 중요한 전화 통화가 약속돼 있었기 때문이었다. 무거운 마음으로 귀가하는 차 안에서 나와 아내는 마치 입을 굳게 다물자고 약속이라도 한 것처럼 침묵을 지켰고, 집에 돌아와서도 침묵은 계속됐다. 그 긴 침묵은 내가 휴대전화를 꺼내 당시 국토교통부 고위 관계자에게 전화를 걸면서 깨졌다. KTX 장성역 정차 문제를 해결하기 위한 설득 전화였다. 아내는 "이렇게 다 죽어가는 순간에도 당신 머릿속은 온통 KTX 생각뿐이었냐"라고 말하며 오열했다. 우는 아내를 다독거리며 눈으로 조용히 이해를 구했다.

밤 10시부터 시작된 통화는 자정 무렵까지 이어졌다. 그만큼 내 전화는 절박했다. 평소 친분이 있던 국토교통부 고위 관계자는 내 재판 소식을 듣고선 "언제 그만둘지도 모르는데 지금 KTX 정차 문제를 걱정할 때인가. 더군다나 국가적 차원에서 결정할 문제라 내가 나서기에 한계가 있다"라며 난색을 표했다. 난 "이제 겨우 1심을 받았다. 대한민국은 3심까지 보장한다. 3심까지 가면 어떻게 될지 모른다. 더욱이 난 아직 장성군수다. 군수로서 KTX 장성역 정차 문제만큼은 반드시 해결해야 겠다"라면서 한 번만 더 고민해 달라고 부탁했다.

사실 군수가 아니었더라도 내가 도움이 된다면 KTX 정차 문제를 해결하기 위해 만사 제치고 발 벗고 나섰을 것이다. 하지만 당시 나와 통화한 관계자의 역할이 얼마나 중요한지 잘 알고 있었기에 그 상황에서도 전화기를 붙잡고 장시간 동안 설득한 것이다. 비록 확답은 없었지만 며칠 뒤 일부 KTX의 서대전역 경유를 적극 검토 중이라는 국토교통부 내부 소식을 접하며 희망을 보았다. KTX 노선이 서대전역~익산역을 거쳐 장성역~광주역으로 연장될 가능성이 있다는 의미였기 때문이었다. 그 뒤로도 국토교통부 장관님과 차관

님을 연이어 만나 군민의 열망을 전하는 등 KTX 정차의 심폐소생을 위해 동분서주했다. 우리 지역 이개호 국회의원님과 함께 국토교통부 장관님을 면담해 KTX가 왜 장성역에 정차해야 하는지 설명하기도 했다.

KTX 장성역 정차는 군사적·안보적 측면에서도 바라볼 필요가 있다. 잘 알려져 있는 것처럼 장성군에는 육군 전투력의 근간인 초급 간부들을 육성하는 상무대가 있다. 상무대 장병들에게 KTX는 전쟁을 비롯해 국가 비상사태 발생 시 신속 대처를 위한 긴급 교통수단이다. 인구가 장성군에도 미치지 못하는 계룡시에 KTX가 정차하는 까닭은 무엇인가. 3군 통합 군사 기지인 계룡대가 계룡시에 있기 때문 아닌가. 상무대를 위해서라도 장성역에 KTX가 꼭 정차해야만 한다.

현재 국토교통부는 코레일과 수서고속철도SRT의 통합을 추진 중이다. 경쟁 체제냐, 공공성을 위한 통합이냐를 놓고 논란이 있지만 현 정부가 철도산업의 공공성을 강조해온 만큼 통합 가능성이 높다는 쪽에 무게가 실린다. 난 코레일과 SRT가 통합하면 KTX 장성역 정차 문제를 해결할 돌파구가 열릴 것으로 보고 있다. 코레일과 SRT 통합 후 노선 재조정이 뒤따를 것이고 이때 국토교통부에서 25년간 근무하면서 쌓은 실무 경험과 인맥을 총동원해 KTX 장성역 정차 문제를 반드시 해결하려고 한다. 한밤중에 나와 긴박하게 전화통화를 한 국토교통부 관계자는 더 큰 요직에 오르셨다. 그분과는 통화 뒤에도 여러 번 만나 KTX 장성역 정차 문제를 놓고 상의했다. 이분 말고도 KTX 장성역 정차를 함께 고민해줄 분이 중요한 자리에 많이 계신다. 분위기가 나쁘지 않다. 그동안 KTX가 장성역에 꼭 정차할 수 있도록 차근차근 분위기를 조성해온 만큼 좋은 결실이 있을 것으로 기대하고 있다.

2016년 7월 열린 KTX 장성역 정차 기원 결의대회.

파리에 에펠탑이 있다면
장성에는 '애플탑'이 있소!

"불가능에서 '불'을 쫓아내자."
− 로버트 베이든 파월−

　내가 군민들에게 자주 하는 말 중 하나가 "파리에는 에펠탑, 장성에는 애플탑"이다. 이 말이 그렇게 입에 찰싹 붙을 수가 없다. 어르신들에게 "파리에는 에펠탑!"이라고 선창하면 "장성에는 애플탑!"이라고 후창해 달라고 부탁드렸더니 모두들 즐거워하시며 "장성에는 애플탑!"이라고 외치신다.

　애플탑이 있는 장성읍 삼가동 오거리는 교통 혼잡과 사고 탓에 장성의 골칫거리였다. 비좁은 데다 차선이 얽히고 설킨 탓에 안전사고 우려가 많았던 탓이다. 그런 삼가동 오거리가 현재는 몰라보게 바뀌었다. 장성의 대표적인 특산품

중 하나인 사과를 홍보하는 애플탑 조형물을 중심으로 전국에서 가장 아름답다고 자부하는 회전 교차로를 조성해 안전 문제를 단번에 해결하고 장성을 방문하는 사람들의 눈길을 사로잡고 있기 때문이다.

삼가동 오거리 문제는 중앙부처에서 일한 노하우를 십분 발휘해 민선 6기 때 해결했다. 궁하면 통한다고 했던가. 국토교통부의 지인을 만나 지원을 요청하자 긍정적인 반응이 나왔다. 곧바로 사업에 들어가 국토교통부가 사업비 7억 원을 전액 투입해 회전교차로를 설치하자 장성의 관문이 일신했다. 난잡했던 장성 출입구가 밝고 깔끔한 애플탑과 회전 교차로로 탈바꿈한 것이다. 인접 토지를 취득해 대형 트레일러 회전 각도까지 확보함으로써 안전 문제도 해결했다.

사실 민선 5기 때도 삼가동 오거리 문제를 해결하려고 했다. 군 의회가 군비를 투입해 삼가동 오거리를 일신하자며 적극적으로 나섰고, 장성군 집행부도 이 같은 제안을 실행에 옮기려고 했다고 한다. 하지만 대형 트레일러 회전 각도가 나오지 않았기 때문에 유야무야되고 말았다. 내가 기회가 있을 때마다 애플탑을 홍보하는 데는 군비 한 푼 안 들이고 전액 국비로 삼가동 오거리 문제를 단번에 해결했기 때문이다. 도시계획 전문가로서의 내 노하우와 경력을 발휘해 장성의 모습을 바꾼 것 같아 뿌듯한 마음이 드는 게 사실이다.

애플탑만 내 자랑거리는 아니다. 난 건배사를 통해서도 장성의 이곳저곳을 홍보한다. 그래서 건배사도 독특하다. "노발대발!" '노란 도시가 발전해야 대한민국이 발전한다'라는 말의 줄임말이다. '장성 황룡강 노란꽃잔치'로 옐로우시티 장성의 이미지를 전국적으로 알리는 와중에 개발한 건배사인데, 요즘엔 내가 "노발!"이라고 선창하면 모두들 "대발!"이라고 자동으로 후창한다. 난 이처럼 술을 마실 때도 건배사로 장성의 자랑거리를 깨알처럼 홍보하는 게 생활습관이 됐다.

그런데 우리 군민들은 나보다 훨씬 기발한 것 같다. 동화면에서 열린 '옐로우시티 조성 다짐대회'의 명칭은 '오동통통 한마당'이었다. '오늘처럼 협동하고 소통하면 만사형통!'이란 문구에서 한 글자씩 따와 이렇게 멋진 이름을 지은 것이다. 뜻과 재미를 동시에 품은 예사롭지 않은 이름이다. 군수로서 이렇게 재치 있는 군민들과 함께한다는 건 크나큰 축복이다.

전액 국비로 조성한 장성읍 삼가동 오거리 회전교차로와 애플탑.

아름다운 귀향, 그 뒷이야기

"이렇게 아름다운 곳이 냄새 나는 돼지축사였다고요?"

"마음을 다한다는 것은
행동하는 것이다."
―맹자―

황룡강가에 고즈넉이 자리 잡은 한옥단지인 행복마을은 장성을 찾는 이들에게 자랑하고 싶은 아름다운 주거단지다. 외지인들에게 행복마을이 불과 몇 해 전까지만 해도 악취를 내뿜던 대형 돼지축사였다는 사실을 말하면 모두들 깜짝 놀란다. "정말이요? 믿기지 않아요."

한옥단지 자리에 있었던 돼지축사는 장성 발전의 최대 걸림돌이었다. 어찌나 냄새가 심한지 황룡면 전 지역은 물론이고 인근 동화면의 주민까지도 악취에 시달려야 했다. 동쪽으로는 황룡시장 주변과 장성읍까지도 악취의 고통에서 벗어날 수 없었다. 축산 폐수 문제도 심각했다. 돼지축사에서 흘러나오는 축산 폐수가 용수로를 따라 황룡면 회사촌을 거쳐 황룡강으로 유입됐다. 또한 축사는 주민들의 삶의 질에도 악영향을 미쳤다. 황룡강변을 따라 산책하고 싶어도 악취가 심해서, 또 날벌레가 많아서 엄두도 내지 못했기 때문이다. 상당수 군민은 악취 탓에 두통까지 생길 정도라며 이대로 가면 장성의 미래는 어두울 수밖에 없다고 우려했다.

2007년 6월 장성행복마을 조성 협약 체결식에서 촬영한 사진.
왼쪽이 이동진 당시 전남개발공사 사장님이고, 가운데가 박준영 당시 전라남도지사님이다.

난 민선 4기 때 군비 한 푼 안 들이고 애물단지인 돼지축사 문제를 단번에 해결했다. 전라남도의 첫 번째 행복마을 조성 사업을 문제의 부지에 유치한 것이다. 이 같은 묘안 덕분에 대형 돼지축사를 철거할 수 있었다. 수십억 원에 이르는 것으로 추정되는 사업보상비는 전액 도비였다. 창의적인 발상으로 군비 한 푼 안 들이고 축사 문제를 해결한 셈이다.

하지만 2010년 민선 5기가 시작되면서 행복마을 부지 분양은 지지부진해졌다. 건축면적이 64㎡(약 19.36평) 이상이어야 하고 광주·전남에서 1년 이상 거주한 자로 분양 신청자의 자격을 제한한 탓이 크다. 장성군민이 다 함께 나서서 분양을 촉진해도 부족할 판에 일각에선 행복마을 부지가 비싸다는 소문까지 나돌았다. 그러니 분양이 잘 될 리가 있었겠는가. 악취 발생지로서 장성 발전에 걸림돌이었던 돼지축사였다는 과거를 망각한 채 "입지 선정이 잘못됐다"라거나 "평지에 왜 한옥을 짓는지 모르겠다"라고 말하며 행복마을이 애물단지라고 표현하길 서슴지 않는 일부 인사를 보며 마음이 아팠다.

난 민선 6기 군수로 취임해 행복마을 단지의 분양을

100% 완료했다. 분양가를 낮추고 일부 규제를 풀기 위해 전라남도 조례를 개정하게 한 데 이어 기아자동차 직원들과 장성권 직원들을 상대로 대대적인 판촉활동을 벌인 덕분이었다. 나부터 택지를 분양받았다. 현재 행복마을 단지는 수요자들이 몰리고 있지만 분양 물량이 없다. 다시 강조하지만 지도자에게 창의적인 생각이 없다면 결코 지역 발전을 기대할 수 없다.

악취가 진동하는 돼지축사가 있던 곳이 아름다운 한옥단지로 탈바꿈했다.

장성군민 수준을 확 높인
'21세기 장성아카데미',
23세 청년이 되다

"곡식을 심으면 1년 후에 수확을 하고,
나무를 심으면 10년 후에 결실을 하지만,
사람을 기르면 100년 후가 든든하다."
—관중—

'문불여장성文不如長城'. 흥선대원군은 전라도 53개 고을을 둘러보고 조선팔도에서 학문과 예절로는 장성과 견줄 곳이 없다며 이렇게 말했다. 그만큼 장성은 예로부터 문필文筆의 고장, 즉 선비의 고장으로 유명한 곳이다. 특히 조선시대 성리학의 대가인 하서河西 김인후金麟厚와 노사蘆沙 기정진奇正鎭 등 기라성 같은 학자들이 장성의 학문을 전국에 떨쳤다. 이처럼 학문으로 유명한 장성에는 전국적으로 유명한 교육 프로그램이 있다. 바로 '전국 지자체 교양강좌의 대명사', '사회교육의 원조', '가장 성공한 인문학 강좌' 등의 다양한 수식어를 자랑하는 '21세기 장성아카데미'다.

2017년 2월 제 1,030회 '21세기 장성아카데미'의 강사로 초빙된 거장 조정래 소설가.

'21세기 장성아카데미'는 김흥식 전 장성군수님이 '세상을 바꾸는 것은 사람이고 사람을 바꾸는 것은 교육이다'라는 슬로건을 내걸고 1995년 9월 만들었다. 한국의 유명 인사라면 누구나 거쳐야 할 인기 강좌로 자리 잡은 '21세기 장성아카데미에'엔 그동안 정계, 재계, 문화예술계의 유명 인사가 숱하게 다녀갔다. 김황식 전 국무총리님, 박승 전 한국은행 총재님, 오종남 서울대 명예주임교수님(김앤장법률사무소 고문), 임권택·김지훈 영화감독님, 도종환(문화체육관광부 장관)·정호승·신달자 시인님, 탐험가 허영오 님, 철학자 강신주 님, 개

그맨 전유성 님, 방송인 김제동 님 등 내로라하는 인사들이 무대에 섰다. 2017년엔 1,000회 돌파라는 의미 있는 기록도 세웠다.

지자체 교양강좌가 이렇게 20년 넘게 꾸준한 인기를 끄는 건 이례적이다. 실제로 장성군은 한국 최장의 지자체 강좌인 '21세기 장성아카데미'의 기네스북 등재까지 준비하고 있다. 군 단위 지자체가 저명한 강사를 매주 초빙해 1,000회 이상 강연을 이어간 데서 장성군민의 지적 수준이 얼마나 높고 배움에 대한 열정이 얼마나 뜨거운지 짐작할수 있다.

물론 예산을 아끼는 것도 중요하다. 스타급 강사를 초빙하려면 만만치 않은 돈이 든다. 실제로 예산 절약을 위해 강연을 중단해야 한다는 압박도 여러 번 받았다. 하지만 장성군은 다른 곳에서 한 푼 두 푼 예산을 아낄망정 교육비에는 돈을 아끼지 않는다. 교육에 대한 이 같은 신념이 오늘날의 '21세기 장성아카데미'를 만들었고, '옐로우시티'와 '장성 황룡강 노란꽃잔치'라는 브랜드의 탄생으로 이어졌다고 나는 확신한다. 군민 수준이 한껏 높아진 덕에 각종 거버넌스 프로젝트가 성공적인 결실을 맺은 것이다.

‘기생충 박사’로 유명한 서민 단국대 의과대학 교수님의 강연 소감이 떠오른다. “현대식으로 지은 넓은 강의실에서 배움에 대한 열정으로 빛나는 분들을 앞에 두고 강의하니 신났습니다. 이런 강연이 매주 열린다는 사실에 크게 놀랐습니다. ‘21세기 장성아카데미’가 있다는 사실 하나만으로도 ‘장성은 좋은 곳이다’라고 감히 말할 수 있겠습니다.”

난 아무리 바빠도 ‘21세기 장성아카데미’ 강의에는 꼭 참석한다. 관외로 출장을 가는 게 아니라면 만사 제쳐두고 강의가 열리는 장성문화예술회관으로 향한다. 기라성 같은 강사들의 주옥같은 강의를 들으면 배움의 기쁨이 용솟음치기 때문이기도 하거니와 가장 편안한 마음으로 나를 위해 공부하는 시간이 바로 이 강의를 들을 때이기 때문이다. ‘21세기 장성아카데미’가 열리는 매주 목요일 오후는 일주일 동안 유일하게 나 자신을 위한 시간을 가지며 공부할 수 있는 가장 행복한 순간이다. 그래서 행여나 강의 요지를 놓칠세라 수첩이나 휴대폰에 강사 발언을 메모하는 것을 잊지 않는다.

우물 안 개구리는 세상을 제대로 볼 수 없고 앞으로 세상이 어떻게 변화할지 예상하는 선견지명을 얻기도 어렵다. 나는 많은 사람들을 만나고 다른 세상을 보고 내가 모르는 것들에 대해 알고자 노력했다. 만나는 사람들이 모두 내 스승이라는 생각으로 배움을 게을리하지 않은 게 지금의 나와 장성을 만들었다고 생각한다.

2016년 6월 '21세기 장성아카데미'는 1,000회 강연이라는 대기록을 세웠다.
1,000회를 기념하는 영상이 나오고 있다.

'21세기 장성아카데미' 1,000회 무대의 강사님은 방송인 김제동 님이었다.
김제동 님이 우리 군의 청소년들에게 보여준 따뜻한 애정을 잊을 수 없다.

Jangseong 장성군

제1000회기념
21세기 장성아카데미

**옐로우
시티**
Yellow City

사계절 향기나는 옐로우시티 장성
_꿈과 희망이 있는 아늑하고 따사로운 곳
_식물·환경·인간이 공존하는 자연친화적 매력을 가진 곳
_예술을 만날 수 있는 곳

'21세기 장성아카데미'를 다녀가신 1,000분의 강사님.

아름다운 귀향, 그 뒷이야기

'21세기 장성아카데미'
창시자 고 김흥식 군수님

Jangseong 장성군

제 **1000** 회 21세기 장성아카데미

'천 번의
두드림
DoDream

깨어나는
미래,

옐로우
시티
Yellow City

사계절 향기나는 옐로우시티 장성
_꿈과 희망이 있는 아늑하고 따사로운 곳
_식물·환경·인간이 공존하는 자연친화적 매력을 가진 곳
_예술을 만날 수 있는 곳

상무대와의 아름다운 우정…
문무(文武)를 겸비한 장성

"인생은 흘러가는 것이 아니라 채워지는 것이다.
우리는 하루하루를 그저 보내는 것이 아니라,
내가 가진 무언가로 채워 가는 것이다."
–존 러스킨–

앞에서도 말한 것처럼 장성은 학문의 고장으로 유명하지만 동시에 무武를 겸비한 고장으로도 이름을 날리고 있다. 한국은 물론 아시아 전체를 통틀어 가장 큰 육군 전투병과 군사교육 시설인 상무대가 있기 때문이다. 장성군 삼서면에 위치한 상무대는 대한민국 육군 전투력의 근간인 초급 간부들을 육성하는 산실로 보병학교·포병학교·기계화학교·공병학교·화생방학교로 구성돼 있다. 상무대란 이름엔 '무武를 숭상하는 배움의 터전'이라는 뜻이 담겨 있다.

현재 장성군은 상무대와 '아름다운 우정'을 나누고 있다.

장성군은 상무대와의 협력을 위해 예비역 장교 출신을 협력관으로 채용했다. 문화해설사를 동원해 상무대 장병들의 문화탐방과 지역투어를 지원하고 상무대 안에 무인 민원발급기와 농특산물 홍보관을 설치하기도 했다. 23억 원을 들여 상무아파트와 상무대를 잇는 자전거도로를 만들었고 상무대 군인 가족의 문화활동을 지원하기 위해 삼계면에 공공도서관을 지었다. 또 군·관 협력 유공자에게 매년 표창을 수여하고 있다. 난 2017년 12월 포병학교 변이중관에서 포병학교 기간 간부들을 대상으로 장성군과 상무대의 우정이 갖는 특별한 의미를 재확인하는 특강을 갖기도 했다.

상무대도 우리 군의 이 같은 우정에 적극 화답하고 있다. 2016년 포병대대의 애칭을 '백룡대대'에서 '변이중대대'로 변경한 데서 상무대가 장성군을 얼마나 아끼는지 짐작할 수 있는데, 장성 출신인 망암 변이중 선생은 임진왜란 당시 화차를 만들어 행주대첩을 승리로 이끈 인물이다.

사실 김용우 육군 참모총장님과 2018년 1월 전역한 박경철 전 육군 주임원사님도 장성 출신인 걸 보면 문불여장성文不如長城뿐만 아니라 무불여장성武不如長城이란 말이 나올 법하다. 문무文武를 겸비한 지역이 바로 우리 장성인 것이다. 이

렇게 대단한 고장에서 군수로 일하는 게 얼마나 감사하고
자랑스러운지 모른다.

장성군 삼서면에 위치한 상무대의 정문 입구 표지석.

아름다운 귀향, 그 뒷이야기

2017년 11월 상무평화공원 축구장 준공을 기념해 장성군청팀과 상무대 장병들이 친선 축구경기를 벌였다.

2017년 12월 상무대 포병학교 변이중관에서 기간간부를 대상으로 특강을 했다.

3부 "옐로우시티 장성의 군수 유두석입니다"

눈물 젖은 빵을 먹어본 사람만이
남의 어려움도 이해한다

"인간은 한 개의 입과
두 개의 귀를 갖고 있다.
이는 말하기보다 듣기를 두 배 더 하라는 뜻이다."
−탈무드−

국토교통부 항공정책과장 시절인 2000년대 초반의 일이다. 인천국제공항에서 대규모 파업 사태가 벌어질 뻔한 적이 있었다. 열악한 노동환경에서 일하는 하청업체들의 불만이 폭발했기 때문이다. 하청업체의 수만 해도 수십여 개에 이르는 탓에 이들 업체 직원들이 파업에 동참하면 인천국제공항의 기능이 사실상 올스톱하는 일이 벌어질 수도 있었다. 윗분들이 나를 긴급하게 투입했다.

"항공정책과장이 현장에 가서 사태를 좀 해결해보게. 인천국제공항에서 파업이 벌어지면 어떤 사태가 벌어질지 잘 알 거네. 사안이 사안인 만큼 최선을 다해야 하네."

지금도 그렇지만 그때도 하청업체 직원들이 얼마나 악조건에서 근무하는지 잘 알고 있었다. 내가 능력이 된다면 그들의 요구 조건을 다 들어주고 싶은 심정이었다. 하지만 여러 사안이 워낙 첨예하게 얽히고설켜 있었던 까닭에 국토교통부로서도 인천국제공항 근로자들의 요구를 당장 들어주기에는 한계가 있었다. 그렇다고 동북아시아 허브 공항인 인천국제공항의 파업이라는 중차대한 사태를 방관할 순 없었다. 국토교통부로선 어떻게든 문제를 해결해야 했다.

하청업체 근로자들이 소속돼 있는 모 노동단체의 관계자들을 만나 술자리를 가졌다. 난 사람의 마음을 끄는 가장 큰 무기는 진심과 정직이라는 신념으로 그들에게 현재 국토교통부가 처한 입장을 솔직하게 설명했다. 근로자들의 노동조건을 개선해주고 싶지만 국토교통부로선 어떤 한계가 있는지 솔직하게 알려줬다.

"내가 인천국제공항 근로자들이 얼마나 고생하는지 왜 모르겠습니까. 내 부모나 형제처럼 느껴져서 마음이 아프니다. 하지만 무 자르듯 단번에 해결할 수 있는 일이 아니니 어쩌겠습니까. 국토교통부에서 개입할 수 있는 문제는 최대한 시급하게 해결할 수 있도록 노력할 테니 우리 사안을 좀 길게 봅시다. 부탁드립니다. 여러분 입장을 꼭 전달할 수 있도록 모든 노력을 기울이겠습니다."

열악한 환경에서 일하는 직원들을 보며 동질감 때문인지 어렵게 살아왔던 어린 시절이 절로 떠올랐다. 난 노동단체 관계자들에게 홀어머니 아래에서 어렵게 자란 얘기를 들려 줬다.

앞에서도 말했지만 나를 포함한 9남매는 홀어머니 밑에서 자란 탓에 이루 말할 수 없는 어려움을 겪어야 했다. 어머니는 막내인 유복자를 낳으시자마자 자식들이 굶주리지 않게 하기 위해 술빵을 만들어 팔러 다니셨다. 지금도 술빵을 만드시던 어머니의 모습이 떠오른다. 배고픔에 칭얼거리는 자식들에게 자신이 만든 그 빵 한번 맘 놓고 먹이지 못해 늘 안타까워하신 어머니…. 침을 꼴깍 꼴깍 삼키며 술빵 만드는 모습을 지켜만 보던 형제들을 둘러보며 어머니가 한숨을 내쉬면서 눈시울을 적시던 장면이 활동사진처럼 눈에 선하다.

초등학교 졸업 후 중학교 학비를 벌려고 신문을 배달할 때 마을에 큰 홍수가 난 적이 있다. 우리 가족은 급히 대피하느라 이불 한 채 건지지 못하고 몸만 겨우 빠져나왔다. 어머니는 "내 새끼들 안 다쳐서 천만다행"이라고 하셨지만 수마가 휩쓸고 간 집에 돌아와 목 놓아 우셨다. 우리 집이 알거지가 됐다는 소문을 들으신 초등학교 6학년 때 은사님이 찾아오셨다. "두석아, 나랑 어디 좀 함께 가자꾸나." 선생님이 날 시장에 데려가 옷 한 벌을 사주셨다. "네가 중학교에 들어가려고 신문 배달까지 하며 고생한다는 얘기를 들었어. 장하구나. 두석아, 가난은 부끄러운 게 아냐. 이렇게 엇나가지 않고 잘 크면 커서 꼭 훌륭한 사람이 될 거야." 선생님의 격려를 듣자 왈칵 울음이 쏟아졌다.

그 시절 힘들었던 얘기를 하자 몇몇 노동단체 관계자들은 '달구똥' 같은 눈물을 뚝뚝 흘렸고 나 또한 절로 눈시울이 붉어졌다.

그날 만남 덕분에 인천국제공항은 다행히 대규모 파업 사태를 피할 수 있었다. 노동단체를 걸림돌로 여기고 무조건 파업을 막는 데만 급급했더라면 되레 큰 반발을 사 파업 사태가 빚어졌을 가능성이 높았을 것이다. 어려운 처지를 이해하는 진심과 국토교통부가 할 수 있는 조치에 대해 가감 없이 설명하고 양해를 구한 정직의 위력을 실감한 순간이었다.

인천국제공항공사는 2017년 12월 비정규직 1만 명을 정규직으로 전환하기로 결정했다. 내 일처럼 기쁜 소식이 아닐 수 없다. 2017년 인천국제공항은 12년 연속 세계 공항 서비스 평가에서 1위를 차지하는 전무후무한 기록을 세웠다. 인천국제공항이 세계 최고의 공항으로 성장하는 데 기여한 것 같아 뿌듯하다.

나 역시 장성군 비정규직 근로자들의 처우를 2018년 1월부터 크게 개선했다. 기간제 근로자 114명을 무기계약직으로 전환하고 임금도 대폭 올렸다. 바뀐 제도로 피해를 입지 않도록 현직 근로자들을 우선 고용하는 정책적 결단도 내렸다. 신규 무기계약직 근로자들은 기존 무기계약직 근로자들과 함께 민주노총 공공연대 전남지부 장성지회를 꾸려 2018년 2월 2일 뜻깊은 출범식을 가졌다. 이 출범식에서 민주노총 공공연대 관계자는 "243개 자치단체 중 114명이나 되는 근로자들을 무기계약직으로 전환한 사례는 처음으로 알고 있다"라면서 내게 고마움을 표했다.

어려운 곳에서 일하시는 분들 모두가 활짝 웃을 수 있는, 그래서 각계각층의 근로자 모두가 더불어 행복할 수 있는 사회가 하루라도 빨리 오기를 고대한다.

나와 포옹하고 있는 분이 옷을 사주신 초등학교 은사 정관식 님이다.
물난리로 집이 풍비박산이 났지만 선생님의 따뜻한 격려와 응원 덕분에 힘을 낼 수 있었다.
오래오래 건강하시길 바란다.

할매들 뽀글뽀글 파마머리를 보며 '효도권'을 떠올리다

우리 군은 65세 이상 어르신
들에게 '효도권'을 지급하고 있
다. '효도권'은 관내 목욕탕과
이·미용업소에서 현금 대신 이용할 수 있는 일종의 쿠폰이
다. 원래 목욕탕에서만 한정적으로 사용하던 '목욕권'을 '효
도권'으로 바꾸고, 연간 지급액도 2배로 대폭 늘렸다.

'효도권'이 탄생한 데는 교회에서 나란히 앉아 예배를 드
리던 두 할머니가 크게 기여했다. 난 할머니들 뒷자리에서
예배를 드렸는데, 두 분이 쌍둥이인지 아닌지가 몹시 궁금

했다. 뽀글뽀글 파마머리 뒷모습이 판박이였기 때문이다. 어쩌면 뒷모습이 그리도 똑같은지…. 예배가 끝나고 나서 얼굴을 보니까 쌍둥이는 아니었다. 머리 비용을 아끼려고 최대한 뽀글뽀글하게 파마를 하니 너도 나도 헤어스타일이 같았던 것이다.

그때 생각이 번득였다. '목욕권 이용처를 이·미용실로 확대하면 어떨까? 머리를 자주 하면 어르신들이 기분 전환하는 데도 도움이 되지 않을까? 또 이·미용업소도 활성화할 수 있겠지?' 지역사회에 활기를 불어넣을 수 있다는 판단이 서자 사업을 밀어붙였다.

2017년 1월 이재명 성남시장님과 환담하는 모습을 촬영한 사진.
이 시장님은 '21세기 장성아카데미'의 979번째 강사님이었다.

현재 우리 군의 대표적인 실버복지 사업으로 자리 잡은 '효도권'은 어르신들로부터 폭발적인 반응을 얻고 있다. '효도권' 이용자인 65세 이상 어르신 1,182명(남성 528명 · 여성 654명)을 상대로 2017년 2월 설문조사를 벌였더니 이용자 만족도가 무려 98.9%에 이르는 것으로 나타났다. 거의 만점에 가까운 수치다.

'21세기 장성아카데미' 강연 무대에 서며 장성군과 인연을 맺은 이재명 성남시장님은 '65세 이상 노인들에게 쿠폰을 지급하고 목욕, 이발, 미용을 할 수 있게 했더니 병이 덜 난다고 합니다. 전국에 확대하면 좋을 듯'이라는 글을 트위터에 올리며 우리 장성군의 '효도권' 사업을 극찬하기도 했다. 더불어민주당 대권주자로서 '복지정책 전도사'로 불리는 이 시장님도 '효도권'을 주목한 것이다.

'목욕권'이 '효도권'으로 바뀌어 어르신들의 생활이 더욱 청결해지고 건강해졌다는 덕담을 많이 듣는다. 특히 지역경제 활성화에 큰 도움을 주고 있다는 칭찬을 여기저기에서 듣고 있다. 실제로 '효도권'이 없을 땐 머리 하러 인접한 다른 지역으로 나가는 군민이 많았다. 진원면과 남면의 주민은 광주광역시 첨단지구에서, 북하면 주민은 담양군에서 주

로 머리를 손질한 것으로 알고 있다. '효도권'이 생기면서 주
민들이 관내 미용실이나 이발소를 주로 이용하게 돼 자연스
럽게 지역경제 활성화로 이어지는 것이다. 교회에서 만난
뽀글뽀글 파마머리 할머니들에게 감사할 따름이다. 그분들
이 없었다면 '효도권'이 탄생하지 못할 뻔했다. '효도권' 덕분
에 장성의 할매와 할배들은 아가씨나 청년 못지않은 멋쟁이
로 거듭났다. 장성의 독보적인 실버복지 사업인 '효도권'이
다른 지역으로도 널리 퍼져 나가기를 기대한다.

2017년 9월 전통시장 이용 캠페인을 벌일 때 효도권으로 머리를 손질하고 계시던 어르신.

"토방 낮추기,
이렇게 기특한 생각을
어떻게 하셨나요?"

"부모를 사랑하는 사람은 남을 미워하지 않으며,
부모를 공경하는 사람은 남에게도 예의를 다할 것이다."

−불경−

　　중국의 고전인 『한시외전韓詩外傳』에 풍수지탄風樹之嘆이란
말이 있다. '나무는 고요하고자 하나 바람이 그치지 않아 흔
들리고, 자식이 효도하고자 하나 부모는 기다려주지 않는다'
는 뜻으로 '실버복지 1번지'의 군수인 내가 좌우명처럼 여기
고 있는 글귀다. '토방 낮추기' 사업 역시 어르신들에게 효도
하는 마음으로 구상했다.

　　'토방'은 마루와 마당 사이에 마당보다 조금 높게 흙으로
만든 계단으로 옛날식 주택에 주로 설치돼 있다. 관절염으
로 거동이 불편한 어르신이 힘겹게 토방에 오르내리는 모습
을 보고 내가 2017년 초 직접 착안한 사업이 토방에 계단을

설치해주는 '토방 낮추기'다. 당초 어르신들을 위한 사업이었지만 거동 불편인, 장애인까지 대상에 포함했다. 토방을 낮춰주는 사업을 벌이는 곳은 전국에서 장성군이 처음으로 알고 있다.

게다가 '토방 낮추기' 사업은 불법 건축물 이행강제금(불법 건축물을 적발해 철거 등 시정 명령에 따르도록 하기 위해 건축주에게 부과한다)과 기부금 등으로 추진한다는 점에서도 주목을 모은다. 우리 군은 2016년 3월 '건축진흥 특별회계 설치 및 운영 조례'를 제정했는데, 이 조례는 불법 건축물 이행강제금 수입을 취약계층에게 사용할 수 있도록 규정하고 있다. 이 조례 또한 전국 최초다.

어르신들 반응은 폭발적이다. 남면의 한 어르신은 "이렇게 기특한 생각을 어떻게 했는지 모르겠다"라며 장성군을 칭찬했다. 다리 수술을 받은 북일면의 한 어르신은 "토방이 너무 높아 부엌 쪽 계단을 통해 방으로 들어가야 했는데 토방을 오를 수 있는 계단이 생겨 얼마나 편한지 모르겠다"라며 감사하다고 했다. 그 어르신들에게 한 말씀 드리고 싶다. "이렇게 기뻐해 주시니 제가 더 감사할 뿐입니다. 오래오래 건강하게 사셔야 해요."

사진처럼 토방을 낮추면 무릎이 불편한 어르신들이 한결 편하게 거동할 수 있다.

우리 고향 장성이
'실버복지 1번지'로 불리는 이유

"세상에서 보고 싶은 변화가 있다면,
스스로 그 변화가 되어야 한다."
—마하트마 간디—

　의식주를 빼고 인간의 삶을 논할 순 없다. 특히 쾌적하고 편리한 주거환경은 사람이 사람답게 살아갈 수 있는 중요한 요소다. 10년도 더 지난 얘기다. 군수가 되겠다고 서울에서 내려와 지역 이곳저곳을 살필 때였다. 상당수 어르신이 열악한 곳에서 지내는 걸 보고는 얼마나 가슴이 아팠는지 모른다.

　민선 4기 군수로 취임한 지 얼마 지나지 않았을 때 열악한 집에서 홀로 살던 독거 어르신이 숨지는 일이 있었다. 아무도 어르신이 숨진 줄 몰랐던 까닭에 사망한 지 일주일이나 지나서야 장례가 치러졌다. 90세 가까운 어머니를 외롭게 보냈다는 죄스러움에 사무쳐 딸들이 울부짖는 걸 보며 가슴이 미어졌다. 아직까지도 그 울음소리가 귓가에 쟁쟁하다. 안타깝게 세상을 뜨신 어르신이나 평생을 가슴에 큰 상처를 안고 살아갈 자식들을 생각하면 지금도 가슴 한쪽이 쓰리다.

그 일을 계기로 나는 장성군 전체 인구의 4분의 1 이상을 차지하는 어르신들을 위한 최고의 복지는 쾌적하고 편리한 주거공간에서 함께 어울리며 즐겁게 지내는 것이라고 판단하고 무엇보다 어르신들의 주거환경을 개선하는 데 집중했다.

우선 대한건설협회에 간곡하게 건의해 독거 어르신들을 위한 주택인 사랑의집을 유치했다. 대한건설단체총연합회는 사회공헌 차원에서 독거 어르신들을 위한 보금자리를 마련해주는 사랑의집 사업을 벌이고 있는데, 현재 사랑의집은 전국 다섯 곳에 불과하다. 장성군은 전국 두 번째로 사랑의집을 유치한 것은 물론 대한건설단체총연합회가 수도권에만 추진하던 사랑의집을 비수도권 최초로 끌어와 화제를 모았다.

난 여기에서 그치지 않고 어르신들이 가족과 오순도순하게 지내실 수 있도록 호남지역 군 단위 최초로 LH 공공임대 아파트를 무려 4차까지 유치했다. 국토교통부에서 임대주택을 담당하는 공공주택과장으로 일할 때 장성군이 1차 공공임대아파트를 유치하는 데 도움을 줬다는 점을 감안하면 모든 공공임대아파트가 내 손을 거친 셈이라고 할 수 있다.

나는 그것도 부족하다고 여겨 현대식 공공실버주택까지 유치했다. 현대식 공공실버주택은 한마디로 말해 새로운 개념의 실버복지 주택이다. 쾌적하고 편리한 주거환경에서 의료 서비스를 받는 동시에 친구들과 함께 어울려 외로움도 달랠 수 있는 '실버복지 최고봉'이라고 자부하고 있다. 부지 매입비를 제외한 사업비 전액과 입주 후 5년간 관리비를 포함한 164억 원의 막대한 예산은 국가에서 모두 지원한다. 지자체장이라면 누구나 군침을 흘릴 만한 '최고의 선물'인 셈이다.

현대식 공공실버주택을 유치하는 건 쉽지 않았다. 2016년 1월 민원봉사과의 이태영 건축담당(계장)이 "대통령이 노인 주거안정 대책을 수립하라고 지시해 정부에서 광역자치단체의 구 단위 지자체를 대상으로 공공실버주택 사업을 벌인다"라고 보고했다. 확인해 보니 광역자치단체에서만 사업을 추진한다는 게 국토교통부 지침이었다. 군 지역은 사업 대상지에서 배제한 탓에 장성군은 사업 신청조차 할 수 없었다. 그런데 생각해보라. 현대식 공공실버주택이야말로 대도시보다 고령화 문제가 훨씬 심각한 장성군 같은 곳에 필요한 것 아닌가? 더욱이 장성군은 인구 10만 명당 100세 이상 고령자 비율이 전국 수위권을 다툴 정도로 초고령화 지역이다.

즉시 국토교통부 설득 작업에 돌입했다. "이렇게 초고령화 지역에도 못 짓는다면 현대식 공공실버주택을 대체 어떤 지역에 짓는다는 말입니까." 명분을 제시하고 수차례 설득하자 국토교통부 관계자도 '우문현답'(현장에 답이 있다'라는 뜻)에 공감하고 정책을 변경하기에 이르렀다. 장성군 덕분에 지침이 변경돼 다른 기초자치단체에도 혜택이 돌아가게 됐다. 지면을 통해서나마 현장 목소리를 정책에 적극 반영한 국토교통부의 유연성에 감사드린다. 아울러 자신들의 부모에게 집을 마련해드린다는 심정으로 현대식 공공실버주택 유치에 앞장선 직원들, 그중에서도 민원봉사과의 이태영 건축담당에게 고맙다는 말을 하고 싶다.

평생 가족만을 위해 희생하며 살아온 어르신들의 노후를 돌봐드리는 건 자녀 세대의 의무다. 우리 어르신들을 '실버복지 1번지' 장성에서 모시게 돼 얼마나 감사하고 뿌듯한지 모른다. 장성 사람이라면 모두 내 심정과 같을 것이다.

2016년 6월 '전남 서북부 행복생활권 치매전문 거점센터' 개소식에서 보건복지부 관계자와 함께 촬영한 사진.

장성군 어르신들에게는 경로당이 천국이다.

2017년 7월 열린 공공실버주택 착공식.
공공실버주택은 장성군 어르신들의 주거 복지를 한 차원 끌어올릴 최첨단 복지주택이다.

아름다운 귀향, 그 뒷이야기

사랑의집은 대한건설단체총연합회에 건의해 유치했다.

알면 알수록 놀랍고 대단하고 신기한 도시 '장성'

> "보이는 곳까지 멀리 나아가라!
> 그곳에 도달하면 더욱 멀리 보일 것이다."
> —오리슨 스웨트 마든—

누군가 장성이 어떤 곳이냐고 물으면 난 이렇게 대답한다. "알면 알수록 놀랍고 대단하고 신기한 지역이죠." 질문자가 이유를 물으면 난 다시 말한다. "이렇게 나이 드신 어르신들이 많은 지역이 많지 않아요. 게다가 농사짓는 분들이 상당수예요. 그런데도 다른 지역보다 인구감소 문제의 부담이 덜합니다. 그뿐입니까? 그러면서도 초고성장을 하는 곳이 바로 장성이에요. 환갑 넘은 운동선수가 젊은 선수들을 제치고 현역으로 활동하며 연일 신기록을 뽑아내는 격이죠. 중간 중간 아이까지 낳으면서요. 그러니 놀랍고 대단하고 신기하지 않아요?"

보통 어르신이 많은 지역은 경제적으로 침체하기 쉽다고 생각하기 쉽다. 근거 있는 생각이다. 고령화와 경제성장률은 대부분 반비례한다. 그러나 장성군은 예외다. 산업연구원은 지난 5월 의미심장한 보고서를 펴냈다. '인구고령화를 극복하는 지역들, 성장 원천은 무엇인가?'라는 제목의 이 보고서에서 산업연구원은 '초고령·초고도성장 지역'으로 장성군을 꼽았다. 초고령화된 군 지역은 경제성장이 낮다는 기초 통계를 뒤집은 지역으로 장성군을 콕 찍어 지목한 것이다. 고령화가 성장 저해 요인이라는 편견과 선입견을 깬 결과가 아닐 수 없다.

놀라기엔 이르다. 장성군은 초고령화 지역이지만 2040년에도 인구소멸 위험이 거의 없는 지역이기도 하다. 한국지방행정연구원은 2040년 인구가 소멸할 가능성이 높은 지역을 예측하기 위해 발간한 '저출산·고령화에 의한 소멸지역 분석' 보고서에서 장성군을 다른 지역보다 안정적인 인구감소를 보이는 '인구감소 안정지역'으로 분류했다. 광주·전남에서 '인구감소 안정지역'으로 분류된 곳은 장성군과 해남군, 광양시, 영암군, 광주광역시 광산구 5곳뿐이다. 전국 지자체 229곳을 통틀어도 58곳뿐이다. 특히 장성군은 일부 대도시 지자체를 제치고 '인구감소 안정지역'으로 분류됐다. 이러니 알면 알수록 놀랍고 신기한 도시로 장성을 꼽지 않을 수 있겠는가.

황룡강변에서 바라본 공공 임대아파트.

아름다운 귀향, 그 뒷이야기

3부 "옐로우시티 장성의 군수 유두석입니다"

장성 입구-터미널-장성역-청운고가 도로를 4차선으로 확 뚫다

"산길의 오솔길도 사이사이 사람들이
자주 다니다 보면 큰길이 되지만
뜸하게 이용하지 않으면 풀만 우거진다."
-맹자-

    자치단체장들에게 필요한 여러 자질 중 하나가 바로 안주하지 않는 자세다. 가만있으면 몸이 편하다. 오죽하면 긁어 부스럼이란 속담까지 나왔을까. 그러나 자치단체장이 현재 상황이나 처지에 만족하면 그 피해를 누가 떠안을 것인가. 미래를 내다보지 못한 무능한 지도자가 후손들의 삶을 어떻게 망가뜨렸는지 여러 역사는 증명한다. 미래지향적인 비전을 가진 자만이 지역을 올바른 방향으로 이끌 수 있는 것이다.

    장성은 답이 없는 답답한 도시였다. 주요 진출입로와 시가지가 비좁은 탓이었다. 다른 차를 피해 이리저리 곡예운전을 하는 운전자들 때문에 사고 위험도 많았다. 난 민선 6기 군수로 취임한 뒤 답답했던 장성의 주요 진출입로와 시가지 도로를 대폭 확장하는 통 큰 구상을 세웠다. 고려시멘트 앞 도로와 장성역~청운고가다리 구간 역전로를 2차선에서 4차선으로 시원하게 확장하고 영천주공아파트~황룡시장 구간을 신설한다는 계획이었다.

고려시멘트 앞 도로는 장성군으로 진입하는 주요 관문이다. 하지만 2차선이고 심지어 굴곡까지 진 까닭에 교통사고 우려가 늘 제기돼 왔다. 특히 공장을 오가는 대형 화물차를 비롯해 매년 증가하는 자동차 통행 수요를 감당하지 못한다는 지적도 받았다.

애플탑 회전교차로부터 장성역까지 조성한 애기사과 거리는 4차선 도로로 조성돼 있지만, 장성역을 기점으로 청운고가 다리까지 이어지는 일부 구간이 2차로로 갑자기 좁아진 탓에 운전자들이 큰 불편을 겪어야 했다. 장성역을 이용하는 상무대 가족이나 다른 지역 주민들의 경우 장성의 지리에 익숙하지 않아 특히 사고 위험이 높았다.

그렇지만 장성군 주요 도로를 시원하게 뚫자는 계획을 실행으로 옮기는 건 쉽지 않았다. 시작부터 벽에 부딪혔다. 자기 땅을 도로부지로 내놔야 하는 주민들을 설득하기 쉽지 않았기 때문이다.

따지고 보면 주민들이 반발하는 건 당연하다. 왜 안 그렇겠나. 자기 땅을 하루아침에 도로를 내는 데 내놔야 하는 만큼 반발이 뒤따르는 건 불 보듯 빤한 일이었다. 감정평가사의 엄정한 평가를 거친다 한들 토지 보상금이 성에 찰 리 없다. 도로 예정 부지를 소유한 주민들이 들고 일어섰다. 어떤 논란이든 돈이 개입하면 사안은 첨예해진다. 주민들의 반발이 예상보다 거센 탓에 마음 한 구석에선 '내가 긁어 부스럼을 만들었나'라는 생각이 든 것도 사실이다.

하지만 난 미래는 도전하는 사람의 것이라는 신념과 함께 장성의 아들딸들에게 자랑스러운 고향을 물려주겠다는 취임 당시 다짐을 떠올렸다. 내가 아니라 후손들이 편하려면 반드시 도로를 넓혀야 했다. 만족스럽지 않은 보상금 때문에 성난 주민들을 일일이 만나 설득했다.

"조금 멀리 내다봐주십시오. 당장 서운하시더라도 우리 아들딸들이 살아갈 장성의 미래를 떠올려주십시오. 부탁드립니다."

다행히 나의 간곡한 설득을 통해 장성읍 교통체계를 바꾸는 대규모 SOC사업에 착수할 수 있었다. 장성의 관문이 시원하게 뚫려 '우리 아들딸들은 우리들이 느낀 답답함을 느끼지 않아도 되겠구나' 하는 마음에 가슴이 벅차올랐다. 자치단체장에겐 현재에 안주하지 않고 미래를 내다보는 혜안, 이 혜안을 통해 나온 구상을 실행에 옮기는 뚝심이 필요하다는 걸 절감했다.

2017년 4월 농가인력 지원 문제를 논의하기 위해 농협 관계자 및 작목반 대표와 면담했다.

고려시멘트 문제,
영원히 '숙제'로만 남겨둘 것인가

"혁명은 다 익어 저절로 떨어지는 사과가 아니다.
떨어뜨려야 하는 것이다."
−체 게바라−

　지난 수십 년간 장성군에서 가장 첨예한 사안을 들라면 장성군민 대부분은 고려시멘트 문제를 꼽을 것이다.

　고려시멘트는 장성군의 관문에서 50년 가까이 기업활동을 하며 지역 주민의 일자리 창출과 지역경제 활성화에 기여해 왔다. 그런데 고려시멘트가 우리 군에서 이렇게 긴 세월 동안 기업의 명맥을 유지할 수 있었던 건 그 시간만큼 우리 주민이 희생했기 때문이다. 고려시멘트 기업활동 이면에 분진이나 소음 등 환경오염으로 인한 육체·정신적 고통과 적지 않은 재산상의 손실을 감내한 군민의 보이지 않는 협조가 있었다는 점은 누구나 공감할 것이다.

고려시멘트는 2016년 9월 30일 황룡면 월평리 고려시멘트 장성공장 내 16만 4,891㎡ 부지에 추가로 레미콘공장을 짓기 위해 우리 군에 '공장 증설·업종 변경 승인'을 신청했다. 군은 ▲인근 주민과의 마찰이 우려되고 ▲주거 및 생활 환경에 추가 피해가 발생할 수 있으며 ▲'군민 중심 군정'이라는 군정 방향과도 적합하지 않다고 판단해 불승인 결정을 내렸고, 이에 고려시멘트는 불승인 결정을 취소해달라는 행정소송을 제기했다.

향토기업과 행정소송이라는 법적 분쟁까지 이르게 된 현실이 안타까웠지만 우리 군은 방대한 양의 자료를 준비해 '기업이 주민의 일방적인 희생만을 요구할 수는 없다'라는 논리로 재판부를 이해시키고 설득했다. 물론 주민들도 대책위원회를 구성해 궐기대회를 갖는 등 레미콘공장 반대에 나섰다. 마침내 2017년 11월 9일 광주지방법원은 고려시멘트가 제기한 행정소송에 대해 기각 결정을 내림으로써 레미콘공장 신설을 불허한 장성군의 결정이 정당하다고 판단했다.

다행히 행정소송에선 이겼지만 문제는 남아 있었다. 고려시멘트가 법원 판결에 불복해 항소를 제기할 가능성이 있었기 때문이다. 그래서 난 법원 판단이 나온 다음 날 "법원 결정의 취지를 존중해 더 이상 법적 분쟁이 지속되지 않도록 과감한 결정을 내려달라"라고 고려시멘트에 요청하는 긴급 성명서를 발표하기에 이르렀다. 그리고 12일 뒤 고려시멘트 대표는 "상생과 화합을 통한 더불어 사는 장성을 위해 대승적 차원에서 법원의 결정에 더 이상 이의를 제기치 않겠다"라고 밝혔다. 이로써 우리 군과 고려시멘트의 법적 분쟁이 일단락됐다.

하지만 고려시멘트 문제가 완전히 해결된 것은 아니다. 여전히 인근 주민이 고통을 받고 있는 게 사실이기 때문이다. 실제로 광주지방법원은 고려시멘트가 제기한 행정소송을 기각하면서 판결문을 통해 "레미콘 공장의 가동으로 새로운 환경침해가 가중돼 주변 주민의 생활환경과 초등학교 학생들의 학습환경이 매우 나빠질 우려를 배제하기 어렵다"라고 밝혔다.

사실 난 전남대학교 재학 시절 지금은 돌아가신 고향의 이승한 선배님과 함께 시멘트 공장 반대 운동을 벌인 적이 있다. 시멘트 공장은 그 특성상 다른 공장보다 소음이나 분진 등 공해 문제가 심각하다. 인근 주민과 월평초등학교 학생들이 이미 피해를 입고 있었던 만큼 시멘트 공장이 돌아가는 걸 보고만 있을 순 없었다.

다른 곳도 아닌 장성군의 관문에 시멘트 공장이 지어진 것도 문제였다. 장성을 찾는 사람들이 가장 먼저 접하는 건물이 삭막한 시멘트 공장이라는 것을 용납할 수 없었기에 누구보다도 반대 운동을 활발하게 벌였다. 하지만 당시는 경제발전이 그 어떤 명제보다 중요한 '개발시대'였던 만큼 나를 비롯한 시멘트 공장 반대론자의 주장은 큰 반향이 없었다. 되레 시멘트 공장을 환영하는 목소리가 훨씬 컸다. 하지만 이제는 무조건적인 개발이 용인되는 시대는 지났다. 기업 활동도 주민 삶의 질을 고려하는 쪽으로 나아가야 하는 것이다.

장성군의 지속가능한 미래를 위해선 시멘트 공장을 이전해야 한다. 하지만 공장을 옮기는 것이 현실적으로 쉽지 않다. 시멘트는 대표적인 장치산업(대규모 설비장치가 필요한 산업)이기에 공장 이전이 용이하지 않기 때문이다. 공장을 옮긴다는 것은 사실상 공장 문을 닫는다는 말과도 같다. 시멘트 공장 문제를 해결하는 게 생각보다 간단하지 않은 것은 이 때문이다.

상식적으로 생각해보자. 그동안 공장 가동으로 꾸준하게 이익을 거둔 고려시멘트가 어느 날 갑자기 공장 문을 닫거나 업종을 전환하는 결단을 내릴 수 있을까? 기업으로선 법적 하자가 없다면 계속해서 공장을 운영하려 할 것이다. 그렇다면 문제를 해결할 방법이 아예 없는 것일까? 있다. 고려시멘트가 공장 운영을 포기하는 명분, 즉 대가를 얻을 수 있도록 하고 동시에 장성군민과 장성군에도 큰 이익을 안기면 된다.

시멘트 공장은 장성 관문으로서 요지 중의 요지에 들어서 있다. 교통 인프라가 대단히 뛰어난 곳인 만큼 배후도시 기능을 강화하는 방향으로 고려시멘트 터를 개발하면 광주광역시를 비롯한 인근 지역의 엄청난 배후 수요를 충족할 수 있다. 인터체인지 등 주변 교통환경을 개선하면 효과를 더욱 높일 수 있을 것이다.

그러면 기업에 일방적인 희생을 강요하지 않으면서도 군민의 환경권을 보호해 모두가 상생할 수 있는 길이 열린다. 또 장성군 경제가 일약 도약하는 효과도 거둘 수 있다. 물론 공장 근로자들의 근로권을 보장하는 방안을 마련하는 등 심도 있는 부수 대책이 뒤따라야 할 것이다.

5개 신도시 개발에 주도적으로 참여한 도시계획 전문가로서 확신하건대 이것이야말로 어느 누구의 희생 없이도 고려시멘트 문제를 한 번에 해결할 수 있는 방안이라고 본다. 마치 취암천 물길을 틀어 장성군 공설운동장을 건립했던 것처럼 장성군 지도를 또다시 바꿀 수 있는 기회다. 더 이상 늦출 수 없다. 고려시멘트 숙제를 해결하는 최적기는 바로 지금이다. 언제까지 영원한 '숙제'로만 남겨둘 것인가.

2017년 11월 '고려시멘트 행정소송 관련 장성군 입장발표문'을 발표했다.

다른 지자체가 부러워하는 장성…
'채무 제로' 시대를 열다

"껍질을 보지 마라,
안에 들어 있는 것을 보라."
―탈무드―

　민선 6기 들어 우리 장성은 '황룡강 르네상스 프로젝트'
사업, 현대식 공공 실버주택 건설, 친환경 소하천 정비 사
업, 조양천·북하천 자연재해위험 개선지구 정비 사업, 남
선 남동가도교(신광철도박스) 개량 사업 등 대규모 사업을 연
이어 벌이고 있다. 군 단위로선 호남 최초로 4차까지 LH
공공임대아파트를 유치해 화제를 모았다. 면 단위 지역에
LH 공공임대아파트를 유치한 건 전국적으로도 아주 드문
사례다.

　재정자립도가 높지 않은 열악한 환경에서 이렇게 많은 사
업들을 진행하면서도 안정적인 재정건전성을 유지하는 비

결은 '국비 유치'에 있다. 우리 군은 적게는 수십억 원에서 많게는 100억 원에 가까운 국비를 각 사업들마다 유치함으로써 군 재정 부담을 크게 줄였다. 현대식 공공실버주택이나 공공임대아파트 건설을 비롯해 전액 국비 사업(토지 매입비는 제외)도 상당수다.

2016년 2월 열린 장성 나노기술산업단지 입주기업 지원센터 개소식.

국비라는 게 열의만 있다고 유치할 수 있는 게 아니다. 지역 환경을 개선하고자 하는 뜨거운 애향심은 자치단체장의 기본 덕목이다. 중앙부처의 누가 어떤 방식으로 국비 지원을 결정하는지 맥을 짚지 못하면, 그리고 왜 국비 지원을 받아야 하는지에 대한 논리를 갖추지 못하면 그 어떤 국비 유치 노력도 헛심에 불과하다. 중앙부처 고위 공무원, 그것도 핵심 간부로 재직한 내 경력이 국비를 유치하는 데 큰 도움이 되고 있음은 물론이다. 가끔 난 직원들에게 말한다.

"돈은 어떻게든 마련해볼 테니 장성의 미래를 위한 사업이라면 돈 걱정 말고 일단 추진 가능성을 열어놓고 생각하세요."

가끔 사람들이 묻는다. "장성이 나날이 발전한다는 건 알겠어요. 그런데 이렇게 사업을 많이 벌이면 빚을 많이 지지 않나요?" 그러면 난 말한다. "무슨 말씀이세요. 민선 6기 들어 우리 군의 재정이 얼마나 안정적으로 변했는데요."

빈말이 아니다. 장성군의 재정건전성은 매우 안정적이다. 민선 6기가 시작할 당시인 2014년 7월 장성군의 채무액은 총 145억 원이었지만 모든 빚을 갚아 2018년부터 '채무 제

로 시대'를 열었다. 지면을 빌려 군민들에게도 말씀드리고
싶다. "장성군 재정은 지금 그 어느 때보다도 안정적인 상황
이랍니다. 다른 군에서도 부러워할 정도라니까요."

2015년 6월 백양사 농협이 복분자를 출하하는 현장을 방문하고 있다.

'대한민국 1등 도시 장성', 그 벅찬 미래를 위해

생각할수록 나의 삶은 영화 같다. 황룡강변에서 태어나 찢어지게 가난하게 살았던 신문팔이 소년이 대한민국 중앙 정부의 고위공직자로 우뚝 성장한 일, 낙후한 고향을 부흥 시키기 위해 '아름다운 귀향'을 선택한 일, 출사표를 던지는 심정으로 무소속으로 출마해 군수로 선출됐다가 중도하차 로 눈물을 삼킨 일, 보란 듯이 재기해 다시 장성군수로 당선 된 일, '옐로우시티 프로젝트'라는 전국 지자체 최초의 컬러 마케팅을 벌인 일, 국립심혈관센터를 유치해 장성의 미래를 바꿀 초석을 놓은 일, '장성 황룡강 노란꽃잔치'에 100만 명 가까운 관광객을 모아 전국을 놀라게 한 일…. 주마등처럼 과거가 뇌리를 스친다.

　정체한 장성이 얼마나 안타까웠던가. 그런 고향이 발전하기를 얼마나 염원했던가. 고향의 발전을 위해 밤잠을 설쳐가며 얼마나 고군분투했던가. 감동에 복받쳐 축축해진 눈으로 '장성 황룡강 노란꽃잔치'에 관광객들이 몰려드는 경이로운 광경을 바라보던 일이 새삼 떠오른다.

　장성 발전을 위한 나의 비전은 명확하다. 백양사, 축령산처럼 기왕의 자원에 대한 가치를 극대화하는 것, 황룡강처럼 그동안 그 가치를 몰랐던 자원을 재발견하는 것, 국립심혈관센터처럼 없는 가치를 창출하는 것. 이 3박자가 어우러질 때 우리 고향 장성은 후손들에게 자랑스럽게 물려줄 수 있는 지역으로 우뚝 설 것이다.

　도시계획 전문가로서 미래지향적 도농복합도시를 만들기 위해 농업과 제조업을 균형 있게 발전시키는 가운데 주거복지, 일반복지, 교육복지의 수준을 몇 단계 상향하려고 그동안 내 모든 역량을, 아니 역량 이상을 장성 발전에 쏟아 부었다. 그 결과 '황룡강 르네상스'의 서막을 열었다고 생각한다.

물론 '대한민국 1등 도시'로 가는 길은 순탄하지만은 않을 것이다. 죽을 만큼 힘든 난관도 기다리고 있을 것이다. 하지만 나는 행복하다. 혼자가 아니기 때문이다. 돌아온 나를 황룡강처럼 넓은 가슴으로 품어준 우리 군민과 공직자들이 있기에 가시밭길이라도 기꺼운 마음으로 걸을 각오가 돼 있다. 어디 품어주기만 했던가. 알을 품고 황룡강으로 돌아온 연어가 장성의 미래를 위해 헌신할 수 있도록 대한민국 어디에서도 찾아볼 수 없는 거버넌스의 위력을 보여주지 않았던가. 할 수만 있다면 모든 분들을 일일이 뵙고 큰절이라도 올리고 싶다. 우리 군민과 공직자들의 도움이 없었다면 다른 자치단체도 감탄하는 '장성의 기적'을 결코 일구지 못했을 것이다. '거버넌스 도시'의 새 역사를 만들어가는 우리 군민과 공직자들의 저력이 새삼 경탄스러울 뿐이다.

미국의 유명 시인 로버트 프로스트는 '가지 않은 길'이라는 시에서 다음과 같이 읊는다.

오랜 세월이 지난 뒤 나는 어디에선가
한숨을 쉬며 이야기할 것입니다

숲 속에 두 갈래 길이 있었고,
나는 사람이 적게 간 길을 택했다고,
그리고 그것 때문에 모든 것이 달라졌다고

그동안 나는 다른 사람들이 걷지 않은 길을 가려고 했다. 그래서 한숨짓고 눈물 흘린 날이 많았다. 남들이 다니는 길로 편안하게 걷는 게 아니라 남들이 잘 가지 않으려 한, 그래서 고독한 길을 걸으려고 했다. 그 외로운 여정으로 장성의 모습을 부족하나마 일신했다고 감히 자부한다. 그러나 내 여정은 여기에서 끝이 아니다. '황룡강 르네상스'의 서막을 열었으니 우리 군민들에게 중막을 보여줘야 할 책무도 있다고 수없이 다짐한다.

내가 꿈꾸는 장성의 모습은 '미래형 도농복합도시'다. 풍족한 복지 기반 아래 농업, 제조업, 사업, 교육·의료·서비스 산업, 관광업, 융복합 산업이 골고루 발전한 도시, 그러면서도 사람이 자연과 조화를 이루는 이상적인 도시, 그래서 어떤 분야에서 일하든지 상관없이 행복한 환경에서 자신의 꿈을 이룰 수 있는 도시가 바로 내가 그리는 미래형 도농복합도시의 모습이다. 그 빛나는 미래를 우리 군민, 공직자들과 함께 맞이하고 싶다.

　세상은 하루가 다르게 변하고 있다. 매일 새로운 시사용어가 생기고 새로운 기술이 눈앞에서 시연되고 있다. 이른바 4차 산업혁명 시대다. AI(인공지능), 자율주행, 사물인터넷(IoT), 블록체인, 암호화폐, 드론, 로봇 등 미래를 바꿔갈 산업에 필연적으로 대처해야 한다. 과거엔 10~20년 계획으로 미래를 설계해도 충분했지만 지금은 향후 5년도 멀게 느껴질 정도다. 어떤 미래학자는 "1,000일(3년) 계획으로 미래를 설계해도 감을 잡을 수 없는 시대가 온다"고 말하기도 했다. 앞으로 5년이 장성군의 운명을 가름하는 골든타임이 될 것이다. 단 한 시간도 한가롭게 낭비할 수 없다. 함께 지혜를 모아 변화의 시대를 헤쳐가야 한다.

　나는 장성의 군운郡運이 2018년 올해 만개하리라고 생각한다. 무술년(戊戌年, 황금 개띠해)이기 때문이다. 생뚱맞다고? 그렇지 않다. 역사적으로 대한민국은 '무戊'가 들어간 해에 나라의 기상을 널리 떨쳤다. 국운이 한데 모인 덕분이다.

1948년 무자년(戊子年, 황금 쥐띠해)엔 대한민국 정부가 수립됐고, 1988년 무진년(戊辰年, 황금 용띠해)엔 서울 올림픽이 개최됐다. 평창 동계올림픽 개최년도도 무술년인 올해다.

더 멀리 거슬러 올라가보자. 668년 무진년엔 신라가 삼국을 통일했고, 698년 무술년엔 발해가 건국됐다. 그뿐 아니다. 918년 무인년戊寅年은 고려가 건국한 해다. 우연이라기엔 너무나 절묘하지 않은가? 놀라기엔 이르다. 갑을병정무기경신임계甲乙丙丁戊己庚辛壬癸 10간干 중에 토양을 뜻하는 '무戊'와 '기己'는 오방색 가운데 중심인 황금색을 상징한다. 황금색, 즉 노란색이 어떤 색인가. 옐로우시티 장성군을 상징하는 색 아닌가. 서기집문瑞氣集門이란 말이 있다. 길하고 좋은 기운이 집안으로 모인다는 뜻이다. 올해는 길하고 좋은 기운이 모두 장성으로 모이는 서기집성瑞氣集城의 해가 될 거라고 확신한다.

'사랑하면 알게 되고 알게 되면 보이나니, 그때 보이는 것은 전과 같지 않으리.' 난 조선 후기 문장가 유한준의 이 말을 가슴에 새기고 산다. 늘 장성을 사랑하는 마음으로, 장성의 발전을 염원하는 마음으로 지낸다면 전과는 다른 장성을 열 수 있으리라. 나는 훗날 '고향 사람들과 함께 안타까워하고 슬퍼하다 종국에는 함께 기뻐하고 웃는 시대를 연 사람'으로 기억되기를 바란다. 끝내 오고야 말 '대한민국 1등 도시 장성', 그 벅찬 미래를 위한 나의 고군분투는 오늘도 현재진행형이다.

지금까지 장성 발전을 위해 함께 동행해준 850여 공직자들께 진심으로 감사드린다. 아울러 4만 7,000여 군민 여러분께도 엎드려 큰절을 올린다.

2017년 12월 종무식에서 공직자와 군민들에게 감사하는 마음을 담아 큰절을 올리고 있다.

2015년 12월 '올해의 CEO대상' 시상식에서 혁신경영 부문 대상을 수상했다.

2015년 10월 '한국의 최고경영인상' 시상식에서 리더십경영 부문 대상을 받았다.

2016년 6월 '도전한국인 대상' 시상식에서 신지식인 부문 대상을 수상했다.

2016년 11월 '한국의 최고경영인상' 시상식에서 창조혁신경영 부문 대상을 받았다.

아름다운 귀향, 그 뒷이야기

2017년 11월 '한국을 빛낸 자랑스런 한국인 대상' 시상식에서 지역발전 공로대상을 받았다.

20017년 12월 호남유권자연합이 수여하는 최우수자치단체장상을 수상했다.

2017년 4월 당시 유력 대선후보였던 문재인 대통령을 만나 국립심혈관센터 장성 유치를 건의했다.

아름다운 귀향, 그 뒷이야기

2017년 9월에 열린 제7회 세계인권도시 포럼 개막식 행사에 참석하신 이희호 여사님과 함께 촬영한 사진.

2017년 8월 이낙연 국무총리님 부부와 공관에서 찍은 기념사진.

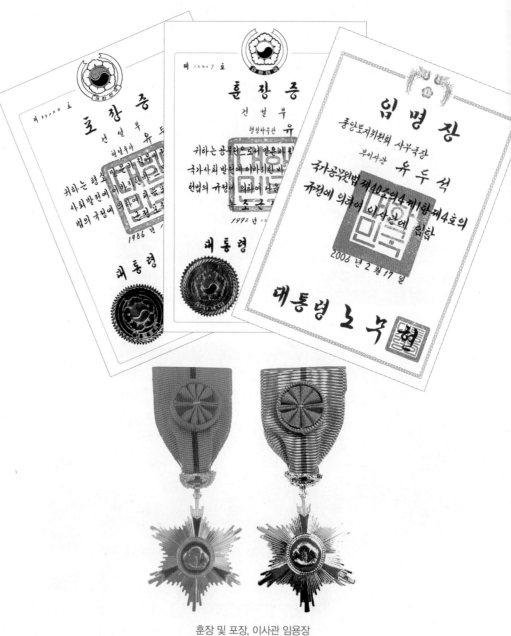

훈장 및 포장, 이사관 임용장

아름다운 귀향, 그 뒷이야기

황금빛 장성군을 만들어 낸
유두석 군수의 노력이
대한민국 지방 도시의 미래
청사진을 제시해 주기를 기원합니다!

- 권선복
도서출판 행복에너지 대표이사
영상고등학교 운영위원장

저출산과 고령화로 인한 인구절벽이 현실로 다가오면서 당장 존립의 위기를 피부로 느끼고 있는 곳들이 있습니다. 바로 대한민국의 지방 도시들입니다. 젊은이들이 문화적·경제적 인프라 부족을 이유로 계속해서 지방 도시를 떠나는 현실 속 많은 지방 도시들은 당장 미래의 존립 가능성을 점칠 수 없을 정도의 위기를 맞이하고 있습니다. '지방 소멸'이 미래 대한민국이 해결해야 할 중요한 문제로 떠오르고 있는 이유입니다.

이러한 위기 속에서도 도시계획 전문가로서의 전문 지식과 실무 경험, 그리고 고향에 대한 뜨거운 애정으로 모범적이면서도 미래지향적인 지방 도시를 일궈낸 사람이 있습니다. 바로 전라남도 장성군의 유두석 군수입니다.

유두석 군수는 국토교통부 공공주택과장, 항공정책과장, 중앙토지수용위원회 사무국장을 거치면서 쌓아 온 전문가로서의 지식과 실무 경험을 그의 고향, 전라남도 장성군을 살리는 데에 활용하기로 결심합니다. 그저 흔하디흔한 강으로 여겨졌던 장성의 황룡강을 거점으로 장성이라는 도시에 독창적인 브랜드를 부여하는 '옐로우시티 프로젝트'에 착수하여 그 시작이라고 할 수 있는 '황룡강 노란꽃축제'를 성공적으로 개최한 것입니다. '옐로우시티 프로젝트'와 '황룡강 노란꽃축제'의 성공 과정은 도시에 브랜드를 부여한다는 것이 무엇이며 그 과정에서 어떤 신념과 열정이 필요한지 우리에게 잘 보여주고 있습니다.

그 밖에도 국립심혈관센터 유치, 한옥마을 건립, 21세기 장성아카데미 교육, 적극적인 실버복지 정책 등 장성군의 발전을 위해 유두석 군수가 해 온 다양한 활동들은 그가 가진 도시에 대한 철학을 우리에게 매우 잘 전해주고 있습니다.

급격한 사회구조 변화로 '지방의 위기'가 중대하게 거론되고 있는 시대입니다. 이러한 위기 속에서 지역 발전의 핵심을 잘 잡아내어 '미래형 도농복합도시'이자 '실버복지 1번지'를 만들어 낸 유두석 장성군수의 이야기와 함께 대한민국 곳곳에 지역 발전의 힘이 팡팡팡 샘솟기를 기원해 봅니다.

해 뜨고 꽃 피는 서산

이완섭 지음 | 값 15,000원

이 책은 사회 변화에 따라 '지방의 위기'가 대두되는 분위기 속에서도 '해 지는 지역'으로 불리며 낙후된 시골의 이미지를 가졌던 충남 서산시를 '해 뜨는 지역'으로 바꾸며 역동적인 산업·문화도시로 만들어낸 충남 서산시 이완섭 시장의 약 7년간의 시정(市政)을 주제별로 나누어 읽기 쉽게 담아내고 있다. 창조적인 지역 브랜딩과 기본적인 지역 인프라 발전을 통해 발전하는 서산의 모습이 이 책의 핵심이라고 할 수 있다.

마음이 젊은 사람들 이야기

김인철 외 17인 지음 | 값 22,000원

이 책 『마음이 젊은 사람들 이야기』는 아직 즐거운 나날이 수없이 남은 중장년들이 앞날에 보내는 찬가다. 남은 나날을 행복하게 보내는 방법을 구하는 것으로 취미와 재정의 문제, 건강의 문제, 대내외의 활기찬 생활 등, 노년에 도움이 되는 슬기를 모아 엮었다. 누군가에겐 노년이 어느덧 닥친 문제이고 누군가에겐 행복한 여생이다. 자, 당신은 어떤 준비를 하고 있는가?

여행이 끝나도 삶은 계속된다

유재천 지음 | 값 15,000원

책 『여행이 끝나도 삶은 계속된다』는 45일간의 유럽 배낭여행을 떠난 저자의 동유럽 여행기다. 국내 1호 '의미공학자'로서 이번 동유럽 여행을 통해서도 삶의 진정한 의미를 찾고자 한 저자의 진솔한 여행 이야기가 담겨 있다. 명소만을 재빠르게 둘러보는 관광형의 여행을 과감히 탈피하고, 곳곳에 담긴 의미를 깊게 들여다보는 여행이 낭만적인 동유럽의 정취를 생생하게 느낄 수 있도록 해 준다.

헤드스트롱 퍼포먼스

마르셀 다나 지음, 이경숙·이주용 역 | 값 25,000원

이 책 『헤드스트롱 퍼포먼스』는 운동과학과 영양과학, 뇌 과학을 결합한 전략으로 '성과를 낼 수 있는 뇌'를 만들어내는 것이야말로 성공으로 가는 지름길이라고 이야기하고 있다. 또한 이러한 두뇌 강화 이론을 기반으로 하여 스트레스 대처법, 집중력 유지, 창의력 증진, 습관 변화 등의 세부적 실천사항과 그를 위한 자세한 전략을 각 장에서 면밀하게 제시한다.

행복한 삶을 만드는 사랑과 긍정에너지

허남국 지음 | 값 15,000원

이 책은 거대한 고통과 역경 속에서도 삶의 의미와 행복을 찾아낸 한 사람의 아내에
대한 사랑과 그리움이 담긴 이야기임과 동시에 한 가족이 어려움을 극복하고 슬픔을
이겨내며 새로운 미래를 꿈꾸게 되는 이야기이기도 하다. 13여 년 동안 중병의 아내
를 간병인 한 명 없이 돌보며 희생과 봉사의 삶을 사는 저자의 모습은 작은 역경에도
쉽게 많은 것을 포기하려고 하는 사람들에게 여러 가지를 생각할 수 있게 하는 기회
를 제공할 것이다.

프롤로그

이은철 지음 | 값 15,000원

이 책 『프롤로그』는 우리가 인생의 행복과 성공을 동시에 잡기 위해서는 올바른 삶
의 '프롤로그'가 필요하다는 점을 강조하며 성공적인 삶의 프롤로그를 작성하기 위
해 중요한 것들과 필요한 것들을 우리에게 이야기해준다. 자기 자신을 사랑하는 삶,
타인과 서로 도우며 공존하는 삶의 중요성을 우리에게 보여주는 다양한 비유를 통해
우리 내면에 숨겨져 있는 '참 나', 즉 진정한 나 자신에 대한 사랑을 이끌어내게 될
것이다.

도둑맞은 헌금

이병선 지음 | 값 15,000원

책 『도둑맞은 헌금』은 살맛나는 공동체를 운영하며 서울역 노숙인들을 위해 헌신하
고 봉사하는 이병선 저자가 우리 사회와 한국교회를 좀먹는 헌금의 실태에 대해 고
발하고 종교인들의 각성을 요구하는 목회자의 회고록이다. 이 책은 헌금의 베일을
벗기는 것으로 시작하여 교회에 다니지 않는 사람이 보기에도 걱정될 정도로 대담
하고 아찔하게 부정한 헌금을 폭로하고 당당히 맞선다.

예측 시장을 주목하라

도널드 N.톰슨 지음 / 김창한 · 이승우 · 조영주 역 | 값 26,000원

책 『예측 시장을 주목하라』는 미국의 도널드 N. 톰슨 교수가 저술한 『Oracles』를 번
역한 도서로 이미 현재 시장에서 태동 중이며 가까운 미래에 매우 활발하게 가동될
수 있는 예측 시장에 대해 각종 사례를 들어 독자들에게 설명하고 있다. 여기서 설명
하고 있는 예측 시장의 사례들은 기존에 볼 수 없던 매우 독특한 형태의 거래방식들
로 마치 재미를 위한 게임을 연상케 한다.

고지식한 정치는 실패해야 하나

이재환 지음 | 값 25,000원

『고지식한 정치는 실패해야 하나』는 4·19혁명의 주역에서 시작하여 국회 사무총장, 한국원자력문화재단 이사장 등을 두루 거치며 정도정치(正道政治)를 고집해 온 이재환(李在奐) 의원의 회고록이다. 정치의 목적을 일신상의 출세에 두지 않고 정부의 시책이나 정책을 냉철하게 비판하면서도 대안을 제시해 온 한 정치인의 소신 있는 메시지와 평생을 추구해 온 정도정치의 철학을 통해 대한민국 정치의 나아갈 바를 깨달을 수 있게 될 것이다.

내 안의 그대 때문에 난 매일 길을 잃는다

장영길 지음 | 값 23,000원

책 『내 안의 그대 때문에 난 매일 길을 잃는다』는 사진작가이자 시인인 저자 장영길이 렌즈에 담아낸 세상을 시와 함께 엮은 책이다. 책을 펼치면 한눈에 시선을 빼앗기는 사진과 함께 곁들인 시 130여 편과 팝 음악 소개가 매력적으로 어우러지며 그의 세계로 순식간에 끌어들인다. 시화를 감상하며 그의 감성을 공유하다 보면 어느새 사물을 보는 눈이 달라지고 가슴이 따뜻해짐을 느낄 수 있을 것이다.

남식(Der maennliche Baum)

Nam-Sig Gross 지음 | 값 15,000원

이 책 『남식』에서 가장 흥미로운 부분은 한국과 독일, 두 문화의 사이에서 자아를 키워온 저자의 모국 한국에 대한 깊은 문화적, 역사적 사유들이다. 책 곳곳에서 드러나는 대한민국에 대한 애정 속에서도 특히 두드러지는 것은 불행한 전쟁을 통해 두 개로 분단된 조국에 대한 안타까움이며 또한 전통적 한국 여성들의 삶, 한국의 교육에 대한 비평, 한국 전통문화에 대한 강한 관심 등은 '한국인이자 독일인'이기에 보여줄 수 있는 신선함과 흥미로움을 독자에게 선사한다.

아름다운 사람, 당신이 희망입니다

장만기 지음 | 값 28,000원

40년이 넘게 대한민국의 목요일 아침을 여는 사람이 있다. 바로 저자인 장만기 회장이다. 저자는 1975년 이래 하루도 빠짐없이 인간개발연구 조찬회를 운영하고 있다. 그는 책 『아름다운 사람, 당신이 희망입니다』를 통해 인간개발연구원의 역사와 대한민국을 이끈 리더들을 소개한다. 모든 것은 사람으로 이루어지기에 "좋은 사람이 좋은 세상을 만든다"라고 하는 그의 말은 대한민국 발전의 찬란한 등대가 되어줄 것이다.

하루 5분 나를 바꾸는 긍정훈련
행복에너지

**'긍정훈련' 당신의 삶을
행복으로 인도할
최고의, 최후의 '멘토'**

'행복에너지
권선복 대표이사'가 전하는
행복과 긍정의 에너지,
그 삶의 이야기!

인터파크
자기계발 분야 주간
베스트 1위

권선복 지음 | 15,000원

권선복

도서출판 행복에너지 대표
영상고등학교 운영위원장
대통령직속 지역발전위원회
문화복지 전문위원
새마을문고 서울시 강서구 회장
전) 팔팔컴퓨터 전산학원장
전) 강서구의회(도시건설위원장)
아주대학교 공공정책대학원 졸업
충남 논산 출생

책 『하루 5분, 나를 바꾸는 긍정훈련 - 행복에너지』는 '긍정훈련' 과정을 통해 삶을 업그레이드하고 행복을 찾아 나설 것을 독자에게 독려한다.

긍정훈련 과정은 [예행연습] [워밍업] [실전] [강화] [숨고르기] [마무리] 등 총 6단계로 나뉘어 각 단계별 사례를 바탕으로 독자 스스로가 느끼고 배운 것을 직접 실천할 수 있게 하는 데 그 목적을 두고 있다.

그동안 우리가 숱하게 '긍정하는 방법'에 대해 배워왔으면서도 정작 삶에 적용시키지 못했던 것은, 머리로만 이해하고 실천으로는 옮기지 않았기 때문이다. 이제 삶을 행복하고 아름답게 가꿀 긍정과의 여정, 그 시작을 책과 함께해 보자.

『하루 5분, 나를 바꾸는 긍정훈련 - 행복에너지』